THÉATRE NATIONAL DE L'OPÉRA COMIQUE.

LA

DAME DE PIQUE.

PRIX : 1 FRANC.

PARIS,

BRANDUS et Cie, éditeurs.

Yᵀʰ

BRANDUS ET Cie,

Successeurs de Maurice SCHLESINGER et de E. TROUPENAS et Cie,

Propriétaires du fonds de musique du Conservatoire,

RUE RICHELIEU, 87 ET RUE VIVIENNE, 40,

ÉDITEURS DE LA BIBLIOTHÈQUE DRAMATIQUE.

PARTITIONS DE PIANO ET CHANT.

FORMAT in-8.

Paroles françaises.

	Prix net
ADAM. Giralda.	15 »
— Le Postillon de Lonjumeau.	8 »
AUBER. Actéon.	8 »
— L'Ambassadrice.	12 »
— La Barcarolle.	13 »
— La Bergère châtelaine.	8 »
— Le Cheval de Bronze.	12 »
— Le Dieu et la Bayadère.	12 »
— Les Diamants de la couronne.	12 »
— Le Domino noir.	12 »
— Le Duc d'Olonne.	12 »
— La Fiancée.	12 »
— Fra Diavolo.	12 »
— Haydée.	13 »
— Lestocq.	12 »
— La Muette de Portici.	13 »
— La Neige.	8 »
— La Part du Diable.	12 »
— Le Philtre.	12 »
— Le Serment.	12 »
— La Sirène.	12 »
— Zanetta.	12 »
BACH (J.-S.) La Passion.	10 »
BEETHOVEN. Fidelio.	7 »
BELLINI. La Sonnambula.	10 »
CHERUBINI. Les Deux journées.	8 »
— Lodoïska.	8 »
DEVIENNE. Les Visitandines.	7 »
DONIZETTI. La Favorite.	15 »
GLUCK. Iphigénie en Tauride.	7 »
— Iphigénie en Aulide.	7 »
GRETRY. Richard-Cœur-de-Lion.	7 »
HALÉVY. L'Eclair.	8 »
— La Fée aux Roses.	15 »
— Les Mousquetaires de la Reine.	15 »
— Le Val d'Andorre.	15 »
HÉROLD. Le Pré aux Clercs.	12 »
LOUIS (N.) Marie-Thérèse.	15 »
MENDELSOHN. Paulus (Conversion de saint Paul).	8 »
MEYERBEER. 40 Mélodies à 1 et à 2 voix	12 »
NICOLO. Cendrillon.	8 »
— Jeannot et Colin.	8 »
— Joconde.	8 »
ROSSINI. Le Comte Ory.	12 »
— Guillaume Tell.	20 »
— Robert Bruce.	15 »
— Moïse.	15 »
SACCHINI. Œdipe à Colone.	7 »
WEBER. Freischütz, avec récit. de Berlioz.	10 »
— Euriante.	8 »
— Obéron.	8 »

Paroles italiennes.

AUBER. La Muta di Portici. in-8.	20 »
BELLINI. La Sonnambula.	10 »
DONIZETTI. La Favorita.	20 »
MEYERBEER. Il Profeta.	20 »
— Roberto il Diavolo.	20 »
NICOLAI. Il Templario.	8 »

GRAND FORMAT ORDINAIRE.

Paroles françaises.

ADAM. Le Mal du pays.	net. 7 »
— Le Postillon de Lonjumeau.	net. 12 »
AUBER. Actéon.	net. 20 »
— L'Ambassadrice.	net. 30 »
— Le Dieu et la Bayadère.	net. 30 »

Paroles françaises. (suite)

AUBER. Le Domino noir.	net. 50 »
— Gustave ou le Bal masqué.	net. 30 »
— Le Lac des Fées.	net. 30 »
— La Muette de Portici.	net. 30 »
— La Neige.	net. 12 »
— Le Philtre.	net. 60 »
— Le Serment ou les faux Monnayeurs.	60 »
— Zanetta.	net. 30 »
BEETHOVEN. Fidelio.	net. 40 »
BELLINI. Norma.	net. 12 »
BERTIN (mademoiselle). Esmeralda.	net. 40 »
BOURGES. Sultana.	net. 15 »
DONIZETTI. La Favorite.	net. 36 »
GLUCK. Alceste.	36 »
— Armide.	30 »
— Iphigénie en Aulide.	36 »
— Iphigénie en Tauride.	36 »
— Orphée.	36 »
HALÉVY. Charles VI.	net. 40 »
— L'Eclair.	net. 30 »
— Guido et Ginevra.	net. 40 »
— Le Guitarrero.	net. 30 »
— La Juive.	net. 40 »
— Le Lazzarone.	net. 50 »
— La Reine de Chypre.	net. 40 »
KREUTZER. La Mort d'Abel.	36 »
MEYERBEER. Les Huguenots.	net. 40 »
— Le Prophète.	net. 40 »
— Robert-le-Diable.	net. 40 »
ROSSINI. Le comte Ory.	net. 30 »
— Guillaume Tell.	net. 40 »
— Moïse.	net. 50 »
— Le Siège de Corinthe.	net. 50 »
— Stabat Mater.	25 »
SACCHINI. Dardanus.	30 »
— Œdipe à Colone.	36 »
SPONTINI. Olympie.	net. 20 »
WEBER. Robin des Bois. (paroles françaises et allemandes.)	net. 40 »
WEIGL. Emmeline.	net. 40 »
WINTER. Le Sacrifice interrompu.	net. 40 »

Paroles italiennes.

BEETHOVEN. Fidelio.	net. 40 »
BELLINI. Norma.	net. 40 »
— Il Pirata.	net. 40 »
— La Straniera.	net. 40 »
DONIZETTI. Adelia.	net. 40 »
— La Favorita.	net. 40 »
MERCADANTE. Elisa e Claudio.	net. 40 »
— Il Giuramento.	net. 40 »
— La Vestale.	net. 40 »
MEYERBEER. Il Crociato.	net. 40 »
— Margarita d'Anjou.	net. 40 »
MOZART. Collection d'airs, duos, trios, etc.	net. 40 »
— La Clemenza di Tito.	net. 40 »
— Cosi fan tutti.	net. 40 »
— Don Giovanni.	net. 40 »
— Il Flauto magico.	net. 40 »
— Idomeneo.	net. 40 »
— L'Impressario et le Requiem.	net. 40 »
— Le Nozze di Figaro.	net. 40 »
— Il Ratto del Seraglio.	net. 40 »
ROSSINI. Il Barbiere di Siviglia.	net. 40 »
— Semiramide.	net. 40 »
— Tancredi.	net. 40 »
— Zelmira.	net. 40 »
SPOHR. Fausto.	net. 40 »
WEBER. Oberon.	net. 40 »
— Il Franco arciero (Freischütz.)	net. 40 »

LA
DAME DE PIQUE

OPÉRA COMIQUE EN TROIS ACTES,

PAROLES DE

M. EUGÈNE SCRIBE,

DE L'ACADÉMIE FRANÇAISE.

MUSIQUE DE

F. HALÉVY,

De l'Institut.

REPRÉSENTÉ

pour la première fois à Paris sur le théâtre de l'Opéra-Comique,

LE 28 DÉCEMBRE 1850.

PARIS.

BRANDUS ET Cie, ÉDITEURS,

87, RUE RICHELIEU, ET 40, RUE VIVIENNE.

MICHEL LÉVY, frères, libraires,

2, RUE VIVIENNE.

1851

PERSONNAGES.	ACTEURS.

Le prince ZIZIANOW, colonel russe. . . . .   M. COUDERC.

CONSTANTIN NELIDOFF, sous-lieutenant d'artillerie. . . . . .   M. BOULO.

KLAREMBERG, banquier du roi de Saxe et de Pologne. . . .   M. RICQUIER.

ANDRÉ ROSKAW, chef des mineurs. . . . . , . .   M. BATAILLE.

La princesse POLOSKA }
DARIA DOLGOROUKI   } . . . .   Mme UGALDE.

SOWBAKIN, second chef des mineurs. . . . .   M. CARVALHO.

Le Banquier des jeux à Carlsbad. . . . .   M. BELLECOUR.

LISANKA, fille de l'intendant du château de Polosk . . . . .   Mlle MEYER.

OFFICIERS et SOLDATS.

CHŒURS, de mineurs, hommes et femmes.

La scène se passe en 1762, à la fin du règne de Pierre III; le premier acte, au château de Polosk, dans un village russe, sur les frontières de la Pologne; le deuxième acte, dans les murs de Polosk, et le troisième acte, à Carlsbad en Bohême.

La grande partition, les parties d'orchestre, la partition de piano et chant de *la Dame de pique*, les numéros détachés, et tous les arrangements et morceaux pour tous les instruments sur cet ouvrage se trouvent aux magasins de musique de MM. Brandus et Cie, 40, rue Vivienne, et 87, rue Richelieu.

La mise en scène exacte de cet ouvrage est rédigée par M. L. PALIANTI,

Et publiée par les mêmes éditeurs.

Paris. — Imprimerie de L. MARTINET, rue Mignon, 2.

LA
DAME DE PIQUE.

ACTE PREMIER.

Le théâtre représente une riche salle du vieux château de Polosk. Une large cheminée, haute de six ou sept pieds, tient le fond du théâtre; à droite et à gauche de la cheminée, deux portes à deux battants. Sur les deux premiers plans à droite, des croisées à compartiments et à vitraux gothiques.

SCÈNE Ire.

SOWBAKIN et des esclaves ouvriers des mines entrent par la porte du fond, à droite de la cheminée. LISANKA entre par la porte à gauche, tenant à la main un cruchon d'eau-de-vie et un panier rempli de gobelets qu'elle pose sur une table.

CHOEUR, à demi-voix en commençant et qui va toujours crescendo.

Un verre de genièvre
Vous réchauffe le cœur;
Quand sa douce liqueur
Vient humecter ma lèvre,
Esclave, je suis Roi;
L'univers est à moi,
   Je suis Roi
   Quand je boi!

SOWBAKIN, tenant son verre à la main.

Dans les entrailles de la terre
La pioche en main, s'il faut fouiller,
Loin du ciel et de la lumière,
Nuit et jour, s'il faut travailler,...

CHOEUR

Un verre de genièvre
Vous ranime le cœur;
Quand sa douce liqueur
Vient humecter ma lèvre,
Esclave je suis Roi;
L'univers est à moi,
   Je suis Roi
   Quand je boi!

On entend au dehors la cloche de la mine.

ROSKAW entrant, aux ouvriers.

Amis, entendez-vous ?... c'est la cloche qui sonne;
Esclaves au travail... C'est le Czar qui l'ordonne.

TOUS, à demi-voix.

Oui vraiment;
Mais auparavant...

CHOEUR, à demi-voix.

Un verre de genièvre
Qui ranime le cœur;
Quand sa douce liqueur
Vient humecter ma lèvre,

Esclave, je suis Roi ;
L'univers est à moi,
Je suis Roi
Quand je boi !

Ils sortent tous par les côtés.

SCÈNE II.

LISANKA, ROSKAW.

LISANKA.

Eh bien, André, tu ne vas pas à l'ouvrage avec eux ?.. Dis-moi pourquoi, chaque jour, tu deviens plus triste et plus maussade.

ROSKAW.

Parce que je t'aime !

LISANKA.

M'est avis, au contraire, que ça serait une raison pour être aimable...

ROSKAW.

Est-ce que je le peux ! Est-ce que ton père n'est pas un homme riche, un homme libre, l'intendant du château de Polosk... et moi, André Roskaw, esclave et paysan moscovite...

LISANKA.

Esclave ! notre maîtresse la princesse Poloska ma marraine, ne t'a-t-elle pas affranchi ?

ROSKAW.

C'est vrai.

LISANKA.

Et donné, dans les mines de ce domaine, une place de contre-maître ?

ROSKAW.

C'est vrai.

LISANKA.

Où tu gagnes vingt-cinq copeks par jour... C'est là une fortune !

ROSKAW.

Eh bien... c'est depuis cette fortune que je suis plus misérable que jamais...

LISANKA.

Voilà du nouveau, et si tu voulais m'expliquer cela...

ROSKAW.

Oui... oui... il le faut ! car ce secret-là, je ne peux pas te le cacher plus longtemps..... ça m'étoufferait...

LISANKA.

Et je ne veux pas que vous étouffiez ! parlez vite, monsieur, parlez !

ROSKAW.

Je t'ai demandée en mariage à ton père...

LISANKA.

Qui a répondu, en homme sage, que lorsque tu aurais fait des économies et amassé quelque chose...

ROSKAW.

Mais pour amasser il faut des jours, des mois, des années... et moi je t'aimais tant, que j'étais pressé d'être heureux... Aussi je rêvais toujours à ces esprits de la nuit, à ces démons que l'on rencontre si souvent dans les mines de Polosk, et qui indiquent aux mineurs de l'or et des diamants cachés !

LISANKA.

Ici, dans des mines de sel !

ROSKAW.

Dam ! c'est reconnu... c'est avéré dans le pays' on ne raconte jamais autre chose à la veillée !

LISANKA.

Je ne dis pas non !

ROSKAW.

Et moi, je me disais : si le soir, dans une des galeries de la mine, quelque démon de feu vient à m'apparaître... quelque laid qu'il soit... pourvu qu'il me fasse épouser Lisanka, je me donne à lui ! et ma foi...

LISANKA, effrayée.

Tu t'es donné au diable !

ROSKAW.

A peu près !

LISANKA.

Ah ! mon Dieu !

ROSKAW.

Car, voyant que les farfadets et surtout les trésors n'arrivaient pas, je me suis mis à les chercher ailleurs... je me suis mis à jouer...

LISANKA.

Toi ?

ROSKAW.

Pour m'enrichir plus vite... je jouais, le dimanche, ma paie de toute la semaine, avec mes compagnons les contre-maîtres... J'ai gagné d'abord... je les gagnais tous... et puis j'ai perdu... perdu toujours... c'est comme une fatalité... et depuis ce moment-là...

LISANKA.

Ça t'a dégoûté du jeu ?

ROSKAW.

Au contraire !

AIR.

C'est un feu qui brûle sans cesse,
Torturant, ou charmant le cœur !
Et le desséchant par l'ivresse,
Le désespoir ou la fureur !

Dans la fièvre qui m'emporte ;
De l'or !... il me faut de l'or !
Dussé-je perdre !... qu'importe ?
Pourvu que je joue encor !

C'est un feu qui brûle sans cesse,
Torturant, ou charmant le cœur !
Et le desséchant par l'ivresse,
Le désespoir et la fureur !

Oui, l'enfer lui-même,
Séjour d'anathème,
N'est pas plus affreux !
L'éternel bitume
Qui, chez lui, s'allume
N'a pas tant de feux !

Aussi je préfère
L'ardente chaudière,
Aux flots soulevés,
Où Satan rassemble,
Pour bouillir ensemble,
Tous les réprouvés !

Oui, l'enfer lui-même,
Séjour d'anathème,
N'est pas plus affreux !
L'éternel bitume
Qui, chez lui, s'allume
N'a pas tant de feux !

SCÈNE III.

ROSKAW, LISANKA, Constantin NELIDOFF.

LISANKA, à Roskaw qui est allé s'asseoir.

Roskaw... écoute-moi... reviens à la raison.

CONSTANTIN, entrant suivi d'un ouvrier qui lui désigne Lisanka.

Ah ! c'est là la fille de monsieur l'intendant !

LISANKA, apercevant Constantin.

Un jeune officier en courrier !

CONSTANTIN, à l'ouvrier qui s'éloigne.

Ne dételez pas... je ne reste qu'un instant...
(à Lisanka qu'il salue) D'ici à la frontière, ma jolie fille,
combien y a-t-il ?

LISANKA.

Six grandes lieues, mon officier.

CONSTANTIN.

Six lieues !... et il faut qu'aujourd'hui, avant deux
heures, le message impérial soit remis... sinon malheur au courrier !...

LISANKA.

On va vite sur la neige ; mais vous n'avez pas de
temps à perdre.

CONSTANTIN.

J'ai pourtant promis de m'arrêter ici, à Polosk,
pour remettre une lettre importante à l'intendant du
château, monsieur Bobrinskoï...

LISANKA.

Mon père ! (Tendant la main) Donnez.

CONSTANTIN.

A lui-même, en personne !

LISANKA.

Il fait sa visite du matin, dans les bois qui envi-
ronnent le château.... mais il rentrera vers midi....
c'est un quart d'heure à attendre !

CONSTANTIN.

Un quart d'heure... je peux le lui donner... mais
pas une minute de plus !

LISANKA, indiquant la cheminée qui est au fond.

En attendant, mon officier, chauffez-vous et re-
posez-vous un peu...

Allant à Roskaw qui est assis à gauche près de la table,
la tête dans ses mains, comme plongé dans ses ré-
flexions.

Roskaw !... Roskaw !... va guetter le retour de mon
père... et tu nous l'enverras !...

Voyant Roskaw qui se lève machinalement et qui hésite à sortir, elle lui dit avec douceur :

Mais, va donc !...

Roskaw lui obéit, et s'éloigne vivement par la gauche.

SCÈNE IV.

LISANKA, CONSTANTIN.

LISANKA, à Constantin qui est près de la cheminée.

Vous avez raison de vous chauffer, mon officier...
car il fait froid... et vous venez peut-être de loin ?...

CONSTANTIN, gaiement et redescendant en scène.

De Saint-Pétersbourg !... tout d'une traite...

LISANKA.

Ah ! mon Dieu ! vous devez être abîmé de fatigue !

CONSTANTIN.

Moi !... un homme, c'est tout simple ! Mais l'éton-
nant, l'admirable, c'est une jeune femme que j'ai
rencontrée à plus de moitié route, à cent lieues d'ici,
et à qui j'ai servi de cavalier et d'escorte ! Courant,
comme moi, jour et nuit, elle ne s'est, je crois, re-
posée qu'une heure ou deux sur la paille, en attendant les chevaux de poste qui nous manquaient...
et un courage... un esprit... une gaieté !

LISANKA, riant et avec emphase.

Une beauté !

CONSTANTIN.

Non !

LISANKA.

Je veux dire : jolie, bien faite...

CONSTANTIN, gaiement.

Non !... ma foi, non !... rien de tout cela ! et pourtant charmante, gracieuse, adorable ; on oublie, en l'écoutant, les mauvais chemins et le froid ! on est bien... on a chaud ! on se croit dans un salon... le salon le plus élégant et du meilleur ton !

CAVATINE.

Quand la blanche neige
S'étend dans les champs,
Quand rien ne protège
Contre les autans,
Et que l'on voyage
Dans un seul traîneau,
Sous un seul manteau,
Qui pendant l'orage
Vous couvre tous deux...
Ah ! qu'on est heureux !

Entendez-vous tous les vents à la fois
Siffler au loin dans la campagne ?
Contre son cœur, sans le vouloir, je crois,
On presse sa jeune compagne,
On réchauffe ses jolis doigts ..

Ah ! ah !...

Quand la blanche neige
S'étend dans les champs,
Quand rien ne protège
Contre les autans,
Et que l'on voyage
Dans un seul traîneau,
Sous un seul manteau,
Qui pendant l'orage
Vous couvre tous deux...
Ah ! qu'on est heureux !

LISANKA.

C'est-à-dire, mon officier, que vous êtes amoureux de votre compagne de voyage.

CONSTANTIN, avec franchise.

Moi ! je n'y avais pas encore pensé !... (Réfléchissant.) Et vous qui parlez, cette idée-là ne vous serait peut-être pas venue, si vous l'aviez vue... (S'interrompant, en souriant.) Et pourtant, je dois convenir que depuis une heure que je l'ai quittée, la route me paraît longue en diable, et le temps affreux !

LISANKA.

Voyez-vous, déjà !... Et vous l'avez quittée ?...

CONSTANTIN.

A quelques lieues d'ici, à la première maison où l'on a pu lui offrir un lit... Car elle tombait de sommeil et ne pouvait aller plus loin.

LISANKA.

Et où va-t-elle ainsi ?

CONSTANTIN.

Aux eaux de Carlsbad, en Bohême... pour sa santé !

LISANKA.

C'est singulier... Il y aurait de quoi la rendre malade...

CONSTANTIN, réfléchissant.

Au fait !... il pourrait bien y avoir un autre motif... (Avec insouciance.) Cela ne me regarde pas ! Elle m'a prié, moi que le devoir forçait de continuer ma route, de remettre la lettre que j'ai là... à votre père... (Se promenant avec impatience.) qui n'arrive pas !

LISANKA.

Il ne peut tarder maintenant ! un peu de patience, mon officier !

CONSTANTIN, avec ironie.

Officier... officier... vous me faites trop d'honneur.

LISANKA.

Ne l'êtes-vous pas ?

CONSTANTIN.

Soldat !... je suis parti soldat ! et comme je me suis bien battu, ils m'ont fait sergent ! Mais j'ai fait prisonnier, de ma main, un officier de janissaires... et ils m'ont laissé sergent ! J'ai enlevé un drapeau... reçu deux blessures ! et sergent !... toujours sergent !...

LISANKA.

Et pourquoi ?

CONSTANTIN.

Pourquoi ?... Parce qu'il m'est défendu, à moi, de monter plus haut ! parce que le comte Nélidoff, mon père, ministre sous le dernier règne, a été proscrit, exilé, dégradé de noblesse dans sa personne et dans celle de ses descendants.

LISANKA.

Quelle injustice !

CONSTANTIN, vivement.

N'est-ce pas ? ce serait à se tuer, sans l'espoir de venger un jour mon père, sur quelques uns de ses persécuteurs.

On entend en dehors un bruit de marche militaire.

SCÈNE V.

LISANKA, CONSTANTIN, ROSKAW entrant vivement.

LISANKA.

Eh bien ! mon père...

ROSKAW, s'adressant à Lisanka.

N'est pas encore rentré... Mais entendez-vous ! entendez-vous ?

LISANKA.

Une marche de régiment!

ROSKAW.

Un fameux régiment! les chevaliers-gardes, qui a pour colonel le prince Zizianow.

CONSTANTIN, vivement et avec colère.

Zizianow...

LISANKA.

Vous le connaissez?

CONSTANTIN, se modérant et reprenant son sang-froid.

De nom. Qui ne le connaît pas à Saint-Pétersbourg? le neveu de l'ancien premier ministre comte de Biren... brave militaire, beau cavalier et joueur effréné.

ROSKAW, à part.

Lui aussi!

LISANKA.

Comme tous les grands seigneurs russes, qui par état n'ont rien à faire!

CONSTANTIN.

Du reste, m'a-t-on dit, âpre et superstitieux au jeu, où il a déjà dissipé une grande partie de sa fortune; aussi est-il toujours sans argent!

ROSKAW, à part.

Comme moi!

CONSTANTIN, à lui-même.

Et être obligé de partir!... quel contre-temps!... mais mon message rempli, je reviendrai... (Haut à Lisanka.) Tu remettras donc cette lettre à ton père, à lui seul... Adieu! adieu!...

Il s'élance par la porte du fond à droite et disparaît, pendant qu'on entend toujours au dehors la marche militaire dont le bruit augmente.

LISANKA, à Constantin qui s'éloigne par la porte du fond, à droite.

Soyez tranquille!...

Regardant par la porte du fond à gauche.

Ah! mon Dieu! tous ces officiers comme ils ont l'air gelé!

ROSKAW, à Lisanka.

C'est égal!... je ne te quitte pas!

SCÈNE VI.

LES PRÉCÉDENTS, ZIZIANOW et des officiers de son régiment entrant par la gauche, entraînant avec eux des esclaves portant des brassées de bois qu'ils jettent dans la cheminée où s'élève bientôt une flamme brillante.

CHŒUR d'Officiers.

Que la flamme brille!
Que le feu petille!
Et que du foyer
Gerbe radieuse
S'élance joyeuse
Pour nous égayer!

ZIZIANOW.

Si la châtelaine est absente,
Tenons garnison en ces lieux!

Regardant Lisanka.

Fille jolie et flamme ardente

Montrant la cheminée.

Réchauffent le cœur et les yeux!

CHŒUR des Officiers.

Que la flamme brille!
Que le feu petille!
Et que du foyer
Gerbe radieuse
S'élance joyeuse
Pour nous égayer!

SCÈNE VII.

LES PRÉCÉDENTS, KLAREMBERG, entrant par la porte du fond à droite.

KLAREMBERG.

La peste soit des étourdis!... ils vont, ils vont comme la foudre, brisant, renversant tout sur leur passage, culbutant les paisibles voyageurs, sans s'inquiéter seulement du danger, du malheur, qui... que...

ZIZIANOW.

M. de Klaremberg!

KLAREMBERG.

Le prince Zizianow!

ZIZIANOW, gaiement.

Comment! ce traîneau que mon kibitch a renversé aux portes du château, c'était le vôtre!

KLAREMBERG.

Oui, mon prince! deux pieds de neige par-dessus la tête!

ZIZIANOW, lui serrant la main.

Comme on se rencontre!... un ami!... un trésorier! car vous êtes le mien! je suis votre obligé... (Aux officiers qui l'entourent.) Je vous présente M. Klaremberg, un riche banquier allemand, qui a toujours des capitaux au service de ses amis!

TOUS LES OFFICIERS, passant près de lui et lui donnant la main.

Monsieur... monsieur, je suis le vôtre.

ZIZIANOW.

Je vous croyais à Saint-Pétersbourg, près de l'empereur.

KLAREMBERG.

Qui m'a fait aussi l'honneur de me toucher dans la main!

ZIZIANOW.

Vous devez en être fier; car cela prouve, mon cher...

KLAREMBERG.

Qu'il a besoin d'argent !

ZIZIANOW.

C'est juste ! ce nouvel emprunt dont parlait la gazette de la cour, et pour lequel il vous offre les conditions les plus avantageuses : douze pour cent, je crois...

KLAREMBERG.

Plus encore ! et par-dessus le marché, le titre de comte, la croix de Saint-Wladimir, et celle de Neuski...

ZIZIANOW.

Vous acceptez !

KLAREMBERG.

J'ai refusé !

ZIZIANOW.

De tels honneurs !...

KLAREMBERG.

Ils me reviendraient trop cher !... car le czar Pierre III, votre empereur, ne me paraît pas des plus solides sur son trône !

ZIZIANOW, haussant les épaules.

Allons donc !

KLAREMBERG.

Que voulez-vous ? les écus ont un instinct naturel de conservation qui les avertit du danger !

ZIZIANOW, riant.

Pourtant vous m'avez prêté... et plusieurs fois... à moi !

KLAREMBERG, de même.

On a des jours de bravoure... ou d'imprudence...

ZIZIANOW, riant.

Vous avez de l'esprit !

KLAREMBERG.

Quoique banquier !

ZIZIANOW.

Et nous ne nous quitterons pas ainsi ! Vous resterez à dîner avec nous dans ce château...

KLAREMBERG.

Qui est à vous !

ZIZIANOW.

Non ! mais comme colonel d'un régiment qui vient tenir garnison sur la frontière...

KLAREMBERG.

Tout vous appartient ! vous êtes les maîtres !

ZIZIANOW, souriant.

A peu près !

KLAREMBERG.

Et les autres ?... les vrais !... qui sont-ils ?

LISANKA, s'avançant et faisant la révérence.

Les Polowski... dont il ne reste qu'une seule et dernière héritière, la princesse Polowska, ma marraine !

ZIZIANOW, avec crainte.

Ah ! diable ! vous dites la princesse Polowska.... Est-ce qu'elle est ici ?

LISANKA.

Non, colonel...

ZIZIANOW, de même.

Est-ce qu'elle y vient souvent ?

LISANKA.

Hélas, non ! elle n'a pas revu ce domaine depuis qu'elle m'a tenu sur les fonts de baptême,... c'est-à-dire depuis dix-huit ans au moins !

ZIZIANOW.

Cela me rassure !

KLAREMBERG.

Pourquoi ?

ZIZIANOW.

Connaissez-vous la princesse Polowska ?

KLAREMBERG.

Je me suis rencontré avec sa mère, une fois, à la cour, dans une occasion que jamais je n'oublierai ; mais la princesse actuelle... je ne la connais pas...

ZIZIANOW.

Eh bien, moi qui vous parle, j'ai dû l'épouser !

KLAREMBERG.

Vous, colonel !

ZIZIANOW.

Oui, messieurs. Notre auguste empereur Pierre III, qui m'honore de quelques bontés, voulait absolument me faire revenir de mon gouvernement de Novogorod pour me marier à la jeune Polowska, dame d'honneur et favorite de sa femme, l'impératrice Catherine.

KLAREMBERG.

Il me semble que c'était là un beau et riche mariage.

ZIZIANOW.

Maintenant !... mais alors il y avait deux frères qui depuis, heureusement... et bien d'autres obstacles qui subsistent toujours... D'abord la jeune princesse boitait horriblement...

KLAREMBERG.

En vérité...

ZIZIANOW.

Ce ne serait rien ! on en est quitte pour ne pas danser aux bals de la cour. Mais elle ne se contente pas d'être boiteuse, elle est bossue !

KLAREMBERG, étonné.

Ah ! bah !

LISANKA, qui s'est approchée de lui et à demi-voix.

Eh oui... ma pauvre marraine est comme ça... (Haussant l'épaule.) Mon père, qui a été souvent à Saint-Pétersbourg pour lui porter ses fermages, me l'a assuré...

KLAREMBERG, rappelant ses souvenirs.

Mais en effet... en effet... je me rappelle maintenant en avoir entendu parler !... une bossue qui ne manque ni de caractère, ni d'esprit, car votre empereur, qui ne se pique guère de galanterie, lui ayant dit brutalement un soir : Eh ! mais, Dieu me pardonne ! princesse Polowska, vous êtes bossue ! Elle lui répondit froidement : « Oui sire !... mais votre » majesté est le premier homme qui m'en ait fait » apercevoir !... »

ZIZIANOW.

Justement ! Outre ses qualités physiques, elle est railleuse et moqueuse ; je savais tout cela ! et prudemment je suis resté dans mon gouvernement de Novogorod, refusant et le mariage, et même l'entrevue que l'on me proposait... Aussi la princesse m'en veut à la mort... et je ne sais pas trop si nous sommes ici en sûreté.

En ce moment plusieurs domestiques entrent portant des pipes, des bouteilles et des verres qu'ils placent sur différentes tables.

ZIZIANOW, se retournant.

Qu'est-ce ?

LISANKA.

Voici, messeigneurs, des pipes, du tabac et des rafraîchissements.

KLAREMBERG.

De quelle part ?

LISANKA.

De la part de ma marraine, qui veut que dans son château et en son absence, on offre l'hospitalité à tous les étrangers qui se présentent.

KLAREMBERG.

Fût-ce à un régiment... c'est très bien, et voilà une petite bossue...

LISANKA.

Qui est grande et généreuse !

Klaremberg, Zizianow et deux ou trois chefs s'asseyent près des tables à droite et à gauche, fument et boivent. Les autres officiers en font autant, assis autour de l'immense cheminée qui fait face au spectateur, et forment un bivouac au milieu du salon.

KLAREMBERG, fumant et regardant autour de lui.

Savez-vous, colonel, qu'en refusant d'épouser la princesse, vous avez perdu là un beau château.

ZIZIANOW.

Plus bizarre qu'élégant .. tout y présente un aspect singulier... la forme de l'édifice, les caractères inconnus qui décorent les murs... jusqu'aux armoiries que je vois au-dessus de cette immense cheminée.

LISANKA.

Ce sont, monseigneur, celles de la famille Polowski.

ZIZIANOW.

Je comprends bien, les tours, les lambrequins, et cætera ; mais au milieu de tout cet attirail héraldique.... je ne m'explique pas là, dans le coin, cette figure qui ressemble, Dieu me damne ! à une dame de pique !

LISANKA.

C'est cela même !

ZIZIANOW.

La dame de pique !... dans les armes de Polowski !... d'où diable cela vient-il ?

LISANKA.

Mon père vous l'expliquera mieux que moi... je lui ai entendu dire, ainsi qu'aux anciens du pays, qu'autrefois un Polowski avait perdu au jeu tous ses domaines...

ZIZIANOW.

Voilà qui m'intéresse... (montrant ses officiers et plusieurs de ces messieurs : n'est il pas vrai ? Aussi, ma belle enfant, raconte-nous cette histoire.

LISANKA.

Il ne restait plus au comte Polowski que ce château, qu'il aurait bien voulu jouer aussi, mais il ne le pouvait pas... vu qu'il était substitué ; alors ne sachant plus à quel saint se vouer, il se donna...

KLAREMBERG.

A quelque banquier !..

LISANKA.

Non !.. au diable, à ce qu'on dit !

ZIZIANOW, avec impatience.

Eh bien ?

LES OFFICIERS et ROSKAW, de même.

Eh bien ?

LISANKA.

LÉGENDE.

1ᵉʳ COUPLET.

Soudain un démon apparut :
C'était monseigneur Belzébuth,
Habillé d'or et de satin,
Tenant trois cartes à la main :
L'une était la dame de pique,
Reine noire, au sceptre magique,
Et Belzébuth la lui montra,
Disant : pour dame, prenez-la.
   La dame noble et belle
   Que vous voyez là,
   A sa foi fidèle,
   Jamais ne la trahira !..

Montrant le portrait de la Dame de Pique, placé au dessus de la cheminée du fond.

   C'est pour cela
   Qu'elle est là !

2ᵉ COUPLET.

La foudre aussitôt retentit ;
La dame s'anime et grandit,
Et, par un prodige nouveau,
De son doigt tirant un anneau :
« C'est moi, c'est la dame de pique,
» Reine noire, au sceptre magique,
» Dit-elle, que tu fianças!... »

S'adressant aux officiers.

Et seule peut-être ici bas,
La dame noble et belle
Que vous voyez là
Jamais, dit-on, ne le trompa.
Au jeu, par elle,
Toujours il gagna !...
C'est pour cela
Qu'elle est là.

CHOEUR.

C'est pour cela
Que nous la voyons là ;
L'étrange histoire que voilà !

ZIZIANOW.

Je conçois qu'à ces conditions-là on épouse toutes les femmes du monde, même *la dame de pique:* mais vous, Klaremberg, qui n'êtes pas de notre pays, qui êtes un Allemand, est-ce que vous croyez à nos légendes slaves ?...

KLAREMBERG.

Pourquoi pas ? J'ai entendu dire, dans ma jeunesse, que les Polowski avaient la réputation de gagner toujours au jeu.

ROSKAW, à Lisanka.

Ils sont bien heureux, ceux-là !

ZIZIANOW, portant la main à son front.

Attendez donc... j'avais en effet un grand oncle qui ne jouait jamais contre eux, persuadé qu'ils connaissaient *trois cartes gagnantes*, sur lesquelles on pouvait ponter, à coup sûr, à la mirandole et au pharaon.

ROSKAW, de même.

Voilà le secret qu'il me faudrait !

Lisanka lui fait un geste de reproche et sort par la gauche en emportant plusieurs flacons vides qu'elle a pris sur la table.

ZIZIANOW.

Secret qu'ils se transmettaient dans leur famille, de génération en génération !

TOUS LES OFFICIERS.

Allons donc ! ce n'est pas possible !

KLAREMBERG, froidement et d'un air rêveur.

Peut-être bien !

ZIZIANOW, vivement.

Que voulez-vous dire ?

KLAREMBERG.

Que je ne me charge de rien expliquer; mais voici à moi ce qui m'est arrivé, il y a plus de vingt ans. Quoique jeune alors, j'avais déjà une réputation de capacité et de fortune, telle, que j'avais été choisi par plusieurs riches maisons d'Allemagne, pour traiter une importante affaire à la cour de Russie, où je fus reçu à merveille: on daigna même, le soir de mon arrivée, m'admettre au jeu de l'impératrice Élisabeth...

ZIZIANOW.

Faveur très recherchée. .

KLAREMBERG.

Et dont j'étais désespéré. Car je perdais des sommes immenses, sans oser me retirer et sans que personne prit pitié de moi... excepté une dame âgée assise près de l'impératrice, et qui portait à son doigt, je m'en souviens, un anneau d'une forme singulière... J'ai su depuis que c'était la princesse Polowska qui me regardait avec un air d'intérêt et de compassion. « Tenez, me dit-elle à voix basse en choisissant parmi les cartes qui jonchaient le tapis, celles-ci ne peuvent servir qu'une seule fois; mais pontez dessus tout ce que vous voudrez ». Et elle me remit trois cartes.

ZIZIANOW et ROSKAW, vivement.

Lesquelles ?

KLAREMBERG, froidement.

Inutile de vous les dire, mais je peux cependant vous avouer qu'une des trois était la dame de pique !

TOUS.

O ciel !

ZIZIANOW, vivement.

Et vous avez gagné ?

KLAREMBERG.

Tout ce que j'avais perdu, et au delà. L'impératrice et moi avions décavé tous les joueurs et les parieurs ! et comme je m'approchais de la princesse pour la remercier : » Silence! me dit-elle; jurez-moi seulement de ne plus jouer, et de ne parler à personne de cette aventure, tant que je serai vivante... » Promesse que j'ai fidèlement tenue, car je n'ai plus touché une carte de ma vie, et voici, depuis la mort de la princesse, la première fois que je raconte l'anecdote !

ROSKAW, réfléchissant.

Et elle a emporté avec elle son secret?...

ZIZIANOW, de même.

Mais, ce secret... elle a dû le laisser à sa fille... la seule et dernière héritière des Polowski !

KLAREMBERG, froidement.

C'est probable. (Riant.) Et vous avez refusé de l'épouser?...

ZIZIANOW, à part.

Ah! si je l'avais su !

KLAREMBERG.

Refusé même de la voir!... vous lui avez fait là un affront qu'une femme ne pardonne pas!

ZIZIANOW.

Est-ce que je pouvais deviner!... (A Lizanka, qui rentre.) Qu'est-ce que tu me veux?

SCÈNE VIII.

Les Mêmes, LISANKA.

LISANKA.

Un jeune homme, un courrier qui a passé ici ce matin, et qui est déjà de retour, demande à parler en particulier à monsieur le prince Zizianow.

KLAREMBERG et les autres officiers se levant.

Nous vous laissons, colonel !

ZIZIANOW.

Non, Messieurs !

LISANKA.

Il est porteur d'un message impérial.

ZIZIANOW, vivement.

Impérial!... (Aux officiers.) A bientôt, Messieurs ! à bientôt ! (A Lisanka) Qu'il entre !

Les officiers sortent par le fond à gauche avec Klaremberg, et Lisanka introduit Constantin qui entre par la droite, puis elle sort du même côté.

SCÈNE IX.

Sur la ritournelle du morceau suivant, CONSTANTIN paraît, s'approche de ZIZIANOW, qu'il salue militairement.

ZIZIANOW.

Vous venez, Monsieur, de la part de l'empereur ?...

CONSTANTIN, froidement.

Non, colonel... de la mienne !

ZIZIANOW.

Que signifie une pareille audace ?..

CONSTANTIN.

Constantin Nelidoff... ce nom doit vous l'expliquer...

DUO.

CONSTANTIN, montrant ses galons de sergent.

Depuis trois mois je porte cet insigne
Et reste seul, oui, seul, de tous les miens !

ZIZIANOW, le regardant.

Ah ! de leur nom, vous vous montrerez digne !

CONSTANTIN.

C'est pour cela, Monseigneur, que je viens.
Par vous, mon père est mort en Sibérie !
Il est tombé sur le sol étranger !
Et m'a laissé, prêt à quitter la vie,
Et son honneur, et sa mort à venger !
Oui, je lui dois vengeance ;
C'est ma seule espérance !
Pour punir votre offense,
Me voici dans ces lieux.
Oui, la guerre ! la guerre !
Me fût-elle contraire ;
A qui venge son père,
Dieu même ouvre les cieux !

ZIZIANOW.

A vos vœux, par malheur, je ne puis satisfaire !

CONSTANTIN.

Vous êtes colonel et moi sous-officier ;
C'est mériter la mort qu'oser vous défier !
Mais à deux pas d'ici s'élève la frontière ;
En Pologne, du moins, on peut venger son père !
J'y cours pour vous attendre !.. y suivrez-vous mes pas?

ZIZIANOW, froidement.

Je ne le puis !

CONSTANTIN.

Vous n'osez pas !

CONSTANTIN.

Vous craignez ma vengeance !
Et punir votre offense
Est ma seule espérance !
Ainsi donc à nous deux !
Oui, la guerre ! la guerre !
Me fût-elle contraire ;
A qui meurt pour son père,
Dieu même ouvre les cieux.

ZIZIANOW.

De sa noble vengeance
Je comprends l'espérance !
J'estime la vaillance
Dans un fils généreux !
A sa juste colère
Je ne puis satisfaire ;
Car le destin contraire
Se refuse à mes vœux !

ENSEMBLE.

ZIZIANOW.

Oui, j'ai su commander à ma juste colère !

Tirant de sa poche un papier qu'il lui remet.

Sur ce billet veuillez jeter les yeux !
Vous verrez qu'il m'est dû par votre noble père
Trois cent mille roubles !!

CONSTANTIN.

Grands dieux !

ZIZIANOW.

On ne s'acquitte pas avec un coup d'épée ;
Ce serait trop commode et souvent trop certain !
Que sa dette par vous soit payée... et soudain
Votre attente par moi ne sera pas trompée,
Je l'atteste !

CONSTANTIN voulant insister.

Monsieur...

ZIZIANOW.

C'est là mon dernier mot !
Pour vous, pour moi, tâchez que ce soit au plus tôt !

CONSTANTIN.

Comble de rage !
Nouvel outrage
Qui le dégage
En son honneur !
Terribles chaînes
Qui rendez vaines
Mes justes haines
Et ma fureur !

ZIZIANOW.

A son courage
Je rends hommage !
Que se dégage
Mon débiteur !
Et puis, qu'il vienne
Contre la mienne
Briser sa haine
Et sa fureur !

ENSEMBLE. Strette du duo.

A la fin de ce duo, Constantin se jette hors de lui sur
un fauteuil à gauche.

SCÈNE X.

Les Précédents, LISANKA accourant avec émotion.

LISANKA, courant à Constantin.

Ah ! Monsieur le sergent... vous ne savez pas !...
la lettre que vous apportiez à mon père et que je
lui ai remise, était de ma marraine... la princesse
Polowska.

ZIZIANOW et CONSTANTIN surpris.

La princesse !...

LISANKA, s'adressant toujours à Constantin.

Votre compagne de voyage !... celle dont vous avez
été le chevalier !

CONSTANTIN.

Ce n'est pas possible !

LISANKA.

Elle prévenait, par cette lettre, son intendant, de
son arrivée dans ce domaine.

ZIZIANOW effrayé.

Elle doit donc y venir ?

LISANKA avec satisfaction.

Je le crois bien ! elle a fait demander en descen-
dant de son drowski M. Bobrinskoi, mon père, avec
qui elle est enfermée en ce moment.

ZIZIANOW avec impatience.

Elle est donc ici ?

LISANKA.

Mais oui, monsieur.

SCÈNE XI.

Les Précédents, PAYSANS et PAYSANNES du domaine. La princesse POLOWSKA, appuyée sur une
canne, s'avance en boitant, elle est légèrement
bossue. LISANKA, KLAREMBERG et plusieurs
officiers entrent derrière elle.

CHŒUR

Jour de fête et d'allégresse !
Mes amis, accourez tous !
C'est notre jeune maîtresse
Qui vient enfin parmi nous !

LA PRINCESSE.

AIR.

Créneaux que je vois apparaître
Toit paternel, heureux séjour !
Beaux arbres qui m'avez vu naître...
Me voici !... je suis de retour !
Dans ces lieux chers à mon enfance,
Qu'après si longtemps je revoi,
Tout s'est embelli par l'absence,
Tout s'embellit... (tristement) excepté moi !
Créneaux que je vois apparaître
Toit paternel ! heureux séjour !
Beaux arbres qui m'avez vu naître,
Me voici ! je suis de retour !

CHŒUR.

De notre maîtresse chérie
Que Dieu rende les jours plus doux !

LA PRINCESSE.

Amis, ne plaignez pas ma vie
Elle est heureuse près de vous !

CAVATINE.

Fille charmante,
Rose piquante,
Que chacun vante
Prompte à s'enivrer !
Froide et hautaine,
Se montre vaine
Et comme Reine
Se laisse adorer !

La laideur
Par bonheur,
A son prix.
Mes amis.
Par l'esprit
Qui séduit,
Par le cœur,
La douceur,
Par la grâce,
On remplace
Les appas
Qu'on n'a pas !
Oui, cette laide
Pour qui je plaide
Souvent possède
Franchise et gaîté ;
Sans être légère,
Coquette, ni fière,
Elle ne veut plaire
Que par la bonté !
Fille charmante
Rose piquante
Etc.

LA PRINCESSE, s'adressant à Klaremberg, qu'elle salue.

Mon intendant vient de m'apprendre que j'avais l'honneur de recevoir M. de Klaremberg le banquier.

KLAREMBERG.

Dont la princesse votre mère a dû vous parler, madame.

LA PRINCESSE.

Beaucoup, monsieur... aussi je m'estime heureuse de vous offrir l'hospitalité... à vous aussi, prince Zizianow, que je suis enchantée de voir ! Je crains qu'il n'y ait pas chez vous réciprocité...

ZIZIANOW, s'inclinant.

Ah ! madame !...

LA PRINCESSE, souriant.

Je vous aurai dérangé peut-être, et vous demande pardon d'arriver ainsi à l'impromptu chez moi... dans ce château, où, pour des militaires, la présence d'une femme est toujours un peu gênante !... Je tâcherai que la maîtresse de la maison le soit le moins possible, et je compte, pour elle... (Avec un gracieux sourire.) sur votre indulgence...

ZIZIANOW.

Ah ! madame !... c'est m'accabler !... (Avec embarras.) Que devez-vous penser de moi ?

LA PRINCESSE, le regardant.

Que vous êtes un homme de tact, d'esprit.. (Se regardant elle-même.) et de goût !

ZIZIANOW.

Et moi, qui vous croyais vindicative, mordante et maligne !

LA PRINCESSE, avec malice.

Ecoutez donc, nous nous trompons peut-être tous les deux !

KLAREMBERG, bas à Zizianow.

Colonel, vous êtes battu !

ZIZIANOW, de même.

J'en ai peur !

LA PRINCESSE, pendant ce temps, s'est retournée vers les paysans, qu'elle salue avec bonté.

Et Lisanka, ma filleule, où est-elle ?

LISANKA, s'avançant timidement.

Me voici, ma marraine !

LA PRINCESSE, la regardant.

Depuis dix-huit ans, je pense, tu ne me reconnais pas ?

LISANKA.

Un peu, ma marraine !

LA PRINCESSE, avec étonnement.
En vérité !

LISANKA.

J'étais bien jeune et vous aussi, mais c'est égal...

LA PRINCESSE.

Je comprends... (Souriant.) Il y avait déjà des points de ralliement et de reconnaissance.

LISANKA, se récriant.

Ah ! ma marraine, ce n'est pas cela que je voulais dire...

LA PRINCESSE, gaiement.

Bah !... pourquoi t'en défendre ?... à quoi bon dissimuler ?... ce n'est pas mon système ! Tout ce que fait Dieu est bien fait, à commencer par moi, qui ne me plains pas et me trouve très bien... pour une bossue ! sans parler de l'élégance de ma démarche, qui me rend complète et régulière de la tête aux pieds... réunion précieuse, dont on ne connaît pas, comme moi, tous les avantages. D'abord, cela nous délivre des déclarations des soupirants et des maris... (Se retournant vers le prince.) N'est-ce pas, prince Zizianow ?

ZIZIANOW.

Ah ! madame !...

LA PRINCESSE, se retournant et apercevant Constantin qui se tient modestement à l'écart.

Ah ! monsieur Nélidoff... (D'un air gracieux.) je vous cherchais !... vous êtes disparu, depuis que je n'ai plus besoin de vous... C'est mal ! (Lui prenant la main.) Je vous présente, messieurs, mon compagnon de voyage, mon vaillant chevalier... celui qui m'a sauvée... (Riant.) Sauveur d'une jolie femme !... Je ne le remercierais pas, il n'y aurait pas de mérite ;

mais lui !... c'est différent ! Imaginez-vous, messieurs, que mon escorte et moi nous venions de rencontrer sur la grande route une troupe de bandits qui, sous prétexte d'être cosaques, baskirs ou kalmouks, prétendaient nous piller. Mon escorte avait commencé bravement par s'enfuir... je ne pouvais en faire autant et je tremblais... peut-être à tort... lorsqu'un coup de feu me rassure ! Les pillards avaient disparu devant un jeune courrier qui s'élançait sur eux le pistolet d'une main et la cravache de l'autre ! C'était monsieur !... le sergent d'artillerie Constantin Nelidoff, devenu désormais ma seule escorte, mon protecteur, et cela nuit et jour, messieurs, pendant plus de cent lieues ! Heureusement pour lui le tête-à-tête était sans danger !... (Souriant.)

CONSTANTIN, vivement.

Sans danger !... Vous vous trompez peut-être, princesse !

LA PRINCESSE, se récriant.

Ah ! vous aussi, vous vous croyez obligé à des fadeurs !...

CONSTANTIN, de même.

Non ! jamais voyage ne m'a paru aussi agréable, aussi piquant, et surtout aussi court !

LA PRINCESSE, riant.

Bien ! quoique exagéré, le compliment ne me déplaît pas, et je vais m'efforcer d'y croire !.. A mon tour, mon jeune protecteur, à vous faire mes offres de service... Et si je puis jamais vous aider dans votre avancement... dans votre fortune...

CONSTANTIN, regardant Zizianow.

La fortune... d'aujourd'hui seulement je me suis aperçu que j'en avais besoin !

LA PRINCESSE.

A votre âge on a toujours besoin de protection... (Lui tendant la main.) et d'amitié !... Je vous recommanderai d'abord au prince Zizianow... Nous ne sommes pas très bien ensemble, mais il est au mieux avec notre auguste empereur, Pierre III.

ZIZIANOW.

Et je serai trop heureux, madame, de faire droit à votre recommandation.

LA PRINCESSE, riant.

Nous verrons... si vous savez obéir ! Pour commencer vous accepterez, je l'espère... ainsi que ces messieurs, le dîner de la dame châtelaine... Je vais donner des ordres... (A Lisanka.) Viens petite.

Saluant les officiers de la main.

A bientôt, messieurs..., à bientôt.

Elle sort avec Lisanka par la porte du fond à gauche.

SCÈNE XII.

CONSTANTIN, ZIZIANOW, KLAREMBERG
et les OFFICIERS.

FINAL.

TOUS, à demi-voix.

Quelle bossue aimable et belle !
Et quel esprit fin et coquet !
   A part.
Et pourtant ce n'est pas en elle
Tout cela qui me séduirait !

CONSTANTIN, à part.

Que je la trouve aimable et belle !
Et quel esprit fin et coquet !
Plus charmante encor, c'est en elle
Son âme qui me séduirait !

KLAREMBERG, bas à Zizianow, à droite du théâtre.

Vous pensez toujours, c'est probable,
A son diabolique secret !

ZIZIANOW, avec colère.

Plus que jamais !

   (Montrant Constantin.)

   Elle est capable
De le dire à ce freluquet !

CONSTANTIN, à gauche, au milieu d'un groupe d'officiers avec qui il s'est mis à causer.

Et même, quand on la regarde,
Quel doux sourire et quels beaux yeux !

ZIZIANOW, s'avançant vers lui.

Nous allons croire, prenez garde,
Que vous en êtes amoureux !

CONSTANTIN.

Eh ! qui de vous, Messieurs, connaît de plus beaux
                              yeux ?

TOUS.

Quelle bossue aimable et belle
Et quel esprit fin et coquet !
Et pourtant ce n'est pas en elle
Tout cela qui me séduirait !

ZIZIANOW, à Constantin.

Depuis ce romanesque et galant tête-à-tête,
Convenez-en, mon cher... vous rêvez sa conquête !

CONSTANTIN, se récriant vivement.

Y pensez-vous, monsieur ?

ZIZIANOW, d'un air railleur.

         Oui, sans doute, il n'est pas
Impossible après tout qu'elle fasse un faux pas !

Avec intention.

Plus aisément qu'une autre !

CONSTANTIN.

Ah !.. même en épigramme,
est de mauvais goût d'insulter une femme !

ZIZIANOW, avec colère.

Monsieur !...

CONSTANTIN.

Vous l'attaquez, et moi je la défends !

ZIZIANOW.

Eh ! qui vous a donné ce droit-là ?

CONSTANTIN.

Je le prends !

CONSTANTIN.

Dans mes veines bouillonne
Une juste fureur !
C'est l'honneur qui m'ordonne
D'être son défenseur !
Oui, ma cause est si belle
Que je n'hésite pas !
Prêt à risquer pour elle
Et mon sang et mon bras !

ZIZIANOW.

Dans mes veines bouillonne
Une juste fureur !
Oui, d'ici je soupçonne
Les projets de son cœur !
Pour se faire aimer d'elle,
Il veut armer son bras ;
Mais sa ruse nouvelle
Ne réussira pas !

KLAREMBERG et les OFFICIERS.

Dans leurs veines bouillonne
Une jalouse ardeur !
Le devoir nous ordonne
De calmer leur fureur !
Oui, la cause en est belle ;
Pourtant il ne faut pas
Que deux rivaux pour elle
Arment ainsi leurs bras !

ZIZIANOW, à Constantin.

Ainsi, preux chevalier, lui vouant votre bras,
Vous défendez ici même jusqu'à sa taille ?

CONSTANTIN.

Halte-là, colonel ! Je consens qu'on me raille...
Mais elle !... je l'ai dit, je ne le permets pas !

ZIZIANOW, avec ironie et s'adressant à ses officiers.

C'est fier !.. mais je comprends d'où vient ce ton
[acerbe ?
La dame a peu d'attraits, mais la dot est superbe !...

Par ce feint dévoûment il voudrait l'abuser,
Et puis s'en faire aimer !

CONSTANTIN, cherchant à retenir sa colère.

Monsieur !!...

ZIZIANOW.

Et l'épouser !

Je veux dire la dot !

CONSTANTIN, s'élançant vers lui l'épée à la main.

Ah ! lâche et misérable !...

TOUS LES OFFICIERS, se jetant entre lui et Zizianow,
et à voix basse à Constantin qu'ils désarment.

Lever le fer sur lui, c'est vous rendre coupable !
Car il est colonel... et sur son seul rapport,
La mort vous attend !

CONSTANTIN, avec rage.

Soit !... la mort !!

CONSTANTIN.

Dans mes veines bouillonne
Une juste fureur !
J'ai dû, tout me l'ordonne,
Défendre mon honneur !
Oui, ma cause est si belle
Que je n'hésite pas !
Et je suis prêt pour elle
A braver le trépas.

ZIZIANOW.

Dans mes veines bouillonne
Une juste fureur !
Je dois, tout me l'ordonne,
Sévir avec rigueur !
Il a, soldat rebelle,
Sur moi levé le bras !
Audace criminelle
Que punit le trépas !

KLAREMBERG et le Chœur.

Dans leurs veines bouillonne
Une haineuse ardeur !
Il faut, tout nous l'ordonne,
Montrant Zizianow.
Désarmer sa fureur !
Il a, soldat rebelle,
Sur lui levé le bras !
La consigne cruelle
Ordonne son trépas !

Pendant ce dernier ensemble, quelques soldats et les
musiciens du régiment sont entrés. Les soldats se
sont rangés au fond devant la cheminée et la musique à droite devant les fenêtres.

ZIZIANOW, aux soldats, leur montrant Constantin.

Aux mines de Polowsk qu'on l'entraîne à l'instant !
L'empereur dictera plus tard son châtiment !

Constantin sort par la porte du fond, à droite, em-
mené par les soldats.

SCÈNE XIII.

LES PRÉCÉDENTS. Au moment où Constantin vient de sortir par la porte du fond, à droite, des jeunes filles portant des fleurs entrent par la porte du fond, à gauche, précédant la PRINCESSE, qui entre, appuyée sur le bras de Klaremberg, qui a été au devant d'elle.

ZIZIANOW, à ses officiers.

C'est la princesse !

LA PRINCESSE, à Zizianow.

Je suis prête !

Regardant les jeunes filles qui lui offrent des fleurs, et la musique militaire qui est rangée sur deux lignes devant les croisées de droite.

Autour de moi, messieurs, quel air de fête ?...

ZIZIANOW, étendant la main à droite.

La musique du régiment
Qui pendant le repas...

LA PRINCESSE.

Ah ! d'honneur, c'est charmant !
De l'entendre, je suis ravie !
Un orchestre admirable, et surtout peu commun !
Musiciens constants, qui n'ont, toute leur vie,
Jamais exécuté qu'une note... chacun !

ENSEMBLE.

Soirée enchanteresse
De plaisir et d'ivresse !
Et vous, chants d'allégresse,
Retentissez soudain !
Qu'à l'éclat des bougies
Les joyeuses folies
Et le feu des saillies
Animent le festin !

LA PRINCESSE, regardant autour d'elle.

Mais je n'aperçois pas notre jeune sergent !

SCÈNE XIV.

LES PRÉCÉDENTS, LISANKA se glissant à gauche près de sa maitresse pendant que ZIZIANOW cause à droite avec ses officiers ou donne des ordres aux musiciens.

LISANKA, à voix basse.

Si vous saviez, madame... ah ! quel événement !
Contre son colonel... il voulait vous défendre...
Désarmé... prisonnier... on vient de le descendre
Dans les mines !!...

LA PRINCESSE.

Grands dieux !

LISANKA, de même.

Une horrible prison

A six cents pieds sous terre !

LA PRINCESSE, se retournant d'un air gracieux vers les paysans qui sont au fond et vers Zizianow qui s'avance en ce moment vers elle.

On vante avec raison
Les mines de Polosw !...

ZIZIANOW, à part.

Ah ! quel est son dessein ?

LA PRINCESSE.

Avant de repartir, je veux les voir demain !

KLAREMBERG.

Moi de même...

ZIZIANOW.

J'aurai l'honneur de vous conduire !

LA PRINCESSE.

Ce serait abuser...

ZIZIANOW, à part.

Oui-da !... cela veut dire
Qu'elle voudrait sans nous y descendre... non pas !
Haut.
C'est mon devoir d'accompagner vos pas !

J'irai !

LA PRINCESSE, à part.

Quel contre-temps !
Haut et de l'air le plus aimable.
Ah ! j'en serai ravie !

Plusieurs valets portant des candélabres garnis de bougies, paraissent à la porte du fond à gauche, suivis de domestiques en livrées.

LISANKA, annonçant.

La princesse est servie !

LA PRINCESSE.

Ah ! très bien... (A Zizianow.) Colonel, donnez-moi votre bras.

ENSEMBLE.

Soirée enchanteresse
De plaisir et d'ivresse !
Et vous, chants d'allégresse,
Retentissez soudain !
Qu'à l'éclat des bougies
Les joyeuses folies
Et le feu des saillies
Animent le festin !

Les officiers sont rangés à droite, les gens du château à gauche. La princesse, appuyée sur les bras de Zizianow, se dirige vers la salle à manger, tandis que la musique militaire fait entendre de brillantes fanfares. La toile tombe.

FIN DU PREMIER ACTE.

ACTE DEUXIÈME.

Le théâtre représente une galerie de la mine de sel gemme de Polowsk. Au milieu du théâtre, un vaste pilier dans lequel est taillé un escalier tournant qui descend dans les galeries intérieures et conduit aux galeries supérieures. Cet escalier est éclairé par des ouvertures ou fenêtres ogives, laissant apercevoir les personnes qui montent ou descendent; à droite, à gauche et dans le fond, l'entrée de plusieurs autres galeries qui s'étendent au loin.

Sur le premier plan à gauche, une table; sur le premier plan, à droite, des bancs, des chaises en bois. Le théâtre est éclairé par plusieurs lampes suspendues aux voûtes de la mine. Partout on aperçoit épars des pioches, des pelles, des paniers et autres instruments à l'usage des ouvriers mineurs.

SCÈNE Ire.

CONSTANTIN, seul, assis sur le banc à droite.

RÉCITATIF.

Succombant sous le poids d'une haine cruelle,
Et maintenant captif, dans ce triste séjour
Où jamais ne parvient la lumière du jour,
Le plus grand de mes maux est d'être éloigné d'elle !

ROMANCE.

1er COUPLET.

Ma sentence est prononcée !...
Et l'approche du trépas,
Malgré moi, n'occupe, hélas !
Ni mon cœur, ni ma pensée !

Regardant autour de lui.

Voûtes sombres, murs épais,
Pour moi, pour mon honneur même,
Cachez bien tous mes secrets !
Ne dites pas que je l'aime...
Je l'aime !... Je l'aime !...
Et comme on n'aima jamais !

2e COUPLET.

Tout me dit : Quelle folie !...
Et pourtant je suis heureux
D'adresser mes derniers vœux
A ma noble et seule amie !
Voûtes sombres ! murs épais
Pour moi, pour mon honneur même,
Cachez bien tous mes secrets !
Ne dites pas que je l'aime...
Je l'aime !... Je l'aime !...
Et comme on n'aima jamais !

On entend en dehors et dans les galeries inférieures le chant lointain des ouvriers.

Hourra ! hourra !...

CHOEUR, au dehors.

Faut que l'on s'égaye,
Faut se divertir !
C'est le jour de paie,
C'est jour de plaisir !

CONSTANTIN, écoutant.

Des chants de joie dans ces lieux !...

SCÈNE II.

CONSTANTIN, ROSKAW entrant par l'escalier du milieu.

ROSKAW.

Voilà sans contredit le plus beau jour de la semaine... le jour de paie !

CONSTANTIN, souriant.

C'est donc cela !

ROSKAW.

Oui, mon officier... vingt-cinq copeks par jour... près de deux cents qui sont là, dans ma bourse ! Les entendez-vous ? Comme ils sont heureux d'être ensemble, et pourtant, comme ils ont envie de sortir... ce qui ne tardera pas, et bientôt vous ferez comme eux, je l'espère... car vous m'êtes recommandé par Lisanka, ma fiancée... la filleule de la princesse Polowska... (A demi-voix.) Toutes les deux vous portent intérêt... je vous le dis... Voilà pourquoi je vous en porte aussi... au lieu de vous enfermer dans le petit cachot qui vous était destiné, à côté des autres prisonniers d'État... je vous laisse en liberté dans cette galerie... qui est bien encore une prison !

CONSTANTIN.

N'importe !... je t'en remercie...

2

ROSKAW.

Par exemple... s'il nous arrivait quelque autorité, quelque officier supérieur, je serais obligé, pendant le temps de sa visite, de vous renfermer...

CONSTANTIN.

C'est trop juste!

ROSKAW.

Parce que, dans cette galerie... c'est moi qui réponds de tout... c'est moi qui ai toutes les clés, c'est moi qui donne l'ordre et le signal pour remonter ou descendre... les deux grands paniers... les kibitcks en osier, les deux seules voitures par lesquelles on arrive chez nous!

CONSTANTIN.

Et aucun autre moyen de sortir d'ici?

ROSKAW.

Aucun! six cents pieds de terre... je veux dire de sel, sur la tête... (Prêtant l'oreille.) Ecoutez!... écoutez!... ça ne nous empêche pas, nous autres.., et même ceux qui sont plus bas... de chanter et de rire!... C'est Sowbakin, le second contre-maître... un envieux qui voudrait monter et avoir ma place... et puis les ouvriers sous mes ordres, qui viennent tous d'être payés... Il ne faut pas que leur présence vous gêne... restez, mon officier, restez!

CONSTANTIN.

Je te suis obligé... j'aime autant être seul et me promener dans les galeries voisines...

Il sort par la galerie à droite.

ROSKAW.

Comme vous voudrez! c'est bien le moins qu'un prisonnier soit libre... (Se retournant et apercevant Sowbakin qui monte par l'escalier et ses camarades par la gauche et par le fond.) Eh! voilà les autres!...

SCÈNE III.

OUVRIERS mineurs venant de la droite et du fond.
SOWBAKIN sortant du pilier du milieu, ROSKAW.

CHOEUR, se répandant vivement sur la scène.

Hourra! hourra!

Faut que l'on s'égaie,
Faut se divertir!
C'est le jour de paie,
C'est jour de plaisir!

ROSKAW, tirant de sa poche une bourse de cuir.

Courte et bonne!... c'est mon principe!
Je veux m'acheter un hamac,
Du vin!... du genièvre, une pipe!
Un habit neuf et du tabac!...

Rien ne m'arrête et ne m'effraie,
Car je viens de toucher ma paie.
J'ai touché ma paie!

CHOEUR.

Faut que l'on s'égaie,
Faut se divertir!
C'est le jour de paie,
C'est jour de plaisir!

SOWBAKIN, s'approchant de la table où Roskaw compte son argent, et le regardant avec envie.

Ah! si j'avais le privilége
D'être aussi bien payé que toi,
Moi, j'achèterais pour Nadège
Un beau manteau que je lui doi!

Regardant une poignée de copeks qu'il tient.

Mais tout cela suffit à peine!

ROSKAW.

Veux-tu doubler tout ton avoir?
Jouons ta part contre la mienne!

SOWBAKIN.

C'est dit!

ROSKAW.

C'est dit!

TOUS DEUX, à part, avec joie.

J'ai bon espoir!
Rien ne m'arrête et ne m'effraie,
Car je viens de toucher ma paie!
J'ai touché ma paie.

CHOEUR.

Faut que l'on s'égaie,
Faut se divertir!
C'est le jour de paie,
C'est jour de plaisir!

Pendant le chœur précédent, Roskaw et Sowbakin se sont assis devant la table à gauche. Les autres ouvriers font cercle autour d'eux.

ROSKAW, jouant aux dés et commençant par gagner.

Je n'ai qu'un plaisir et qu'un vœu
Le jeu! le jeu!

TOUS.

Le jeu! le jeu!

ROSKAW.

Aux chagrins qui fait dire adieu?
Le jeu! le jeu!
Qui fait oublier un œil bleu?
Le jeu! le jeu!

Poussant un cri de colère sur une partie qu'il vient de perdre.

Ah! par Saint-Nicolas!

SOWBAKI., avec joie et ramassant les copecks qui sont
sur la table.

J'ai gagné !

ROSKAW.

Ma revanche !

SOWBAKIN.

Mais déjà ta paie est à moi !

ROSKAW.

Nous joûrons celle de dimanche !
Quitte ou double !...

SOWBAKIN, après avoir un instant hésité.

Eh bien... oui... ma foi !

Reprenant le motif ci-dessus.

Rien n'égale, j'en fais l'aveu,
Le jeu ! le jeu !

ROSKAW, avec colère.

J'ai perdu !... maudit soit, morbleu,
Le jeu ! le jeu !
Qui nous ferait renier Dieu !
Le jeu ! le jeu !
Perdre toujours !...

A Sowbakin.

Allons... encor !... encor !

SOWBAKIN, se levant.

C'en est assez !... payons d'abord.

ROSKAW.

Jouons encor.

SOWBAKIN.

Payons d'abord !
Il me faut des écus !

ROSKAW.

Je les ai tous perdus !

SOWBAKIN.

Alors ne jouons plus !

ROSKAW.

Me refuser crédit !

SOWBAKIN.

C'est prudent, m'a-t-on dit !

ROSKAW, avec colère et levant le poing sur Sowbakin.

Souffrir de tels affronts !

SOWBAKIN, le menaçant à son tour.

Approche... et nous verrons !

ROSKAW.

Toi !

SOWBAKIN.

Moi !...

ROSKAW.

Toi !...

SOWBARIN.

Moi !

ROSKAW, le menaçant.

Viens-y donc.

SOWBAKIN, de même.

Viens-y donc.

ENSEMBLE.

Ah ! cœur poltron
Et fanfaron ,
Avance donc !
Avance donc !
Tu n'oserais !
Et tu craindrais
Le châtiment
Que, sur-le-champ,
Tu recevrais
Si tu tombais
Rien qu'une fois
Sous mes cinq doigts !

Aux ouvriers qui veulent les retenir.

Laissez-moi tous !
Éloignez-vous !
Craignez les coups
De mon courroux !

PREMIER OUVRIER, du côté de Roskaw.

Oui, ne pas jouer davantage
A notre chef c'est faire outrage !

D'AUTRES OUVRIERS, du côté de Sowbakin et le montrant.

Il a raison !

PREMIERS OUVRIERS.

Non ! il a tort !

SECONDS OUVRIERS, s'adressant aux premiers.

Moi j'en ferais autant d'abord !

LES PREMIERS, s'adressant chacun à un de leurs camarades.

Toi !

LES SECONDS, de même.

Moi !

LES PREMIERS.

Toi !

LES SECONDS.

Moi !

Surtout si c'était avec toi !

ROSKAW et les premiers ouvriers.

Nous punirons
De tels affronts !

SOWBAKIN et les seconds.

Approchez donc et nous verrons.

ENSEMBLE, se menaçant tous mutuellement.

Ah ! le poltron !
Le fanfaron !
Avance donc !
Avance donc !
Tu n'oserais
Et tu craindrais
Le châtiment
Que, sur-le-champ,
Tu recevrais
Si tu tombais
Rien qu'une fois
Sous mes cinq doigts !

Tous courant chercher des pelles et des pioches et revenant.

Qu'ils craignent tous
Notre courroux !
Oui, sous nos coups
Qu'ils tombent tous !

Ils vont s'élancer les uns sur les autres, lorsqu'au fond du théâtre apparaissent Lisanka et les femmes d'ouvriers qui séparent leurs maris et les désarment.

SCÈNE IV.

LES OUVRIERS, LES FEMMES d'Ouvriers, LISANKA, ROSKAW.

LISANKA, à Roskaw, qui baisse la tête.

Vous disputer ainsi,.. y pensez-vous ?

ROSKAW, à part.

Perdre toujours !... c'est trop fort !... il faut qu'il m'ait triché !... et jusqu'à ce que j'aie aussi un moyen pour gagner à coup sûr...

LISANKA, sévèrement.

Taisez-vous ; car voici la princesse Polowska, ma marraine, qui descend pour visiter la mine !

ROSKAW, à part.

Ah ! par Saint-André, mon patron !... c'est celle-là qui, si elle le voulait... (Haut et vivement.) La princesse vient ici... toute seule ?...

LISANKA.

Eh non ! avec ce banquier allemand qui est curieux comme une femme et qui veut tout voir, et puis avec le colonel prince Zizianow qui a voulu absolument accompagner ma marraine, sous prétexte qu'il a lui-même des prisonniers... d'État à visiter...

ROSKAW (à Lisanka).

Des prisonniers... et le mien, qui, d'après votre recommandation, se promène en liberté... je vais le prier de rentrer dans sa cellule... (montrant la galerie à droite).

LISANKA, vivement.

Qui est de ce côté...

ROSKAW.

Au fond de cette galerie... la dernière cellule.

LISANKA, à part.

C'est bon à savoir...

Roskaw disparaît par la galerie à droite, et Lisanka fait quelques pas derrière lui en le suivant des yeux.

SCÈNE V.

LES PRÉCÉDENTS, la PRINCESSE à qui ZIZIANOW donne la main, entrant par une des galeries du fond à droite.

LISANKA ET LES FEMMES ET FILLES des ouvriers.

CHŒUR, à demi-voix.

La voilà ! la voilà ! c'est elle
Notre maîtresse aimable et belle !

Aux ouvriers à demi-voix.

Plus de débats, plus de courroux !
Pour l'accueillir unissons-nous !

LISANKA, à la tête des jeunes filles et s'adressant à la princesse.

1er COUPLET.

Ces tristes retraites
N'offrent violettes
Ni bouquet vermeil !
Il y fait trop sombre !
Rien ne vient à l'ombre
Et loin du soleil !
Et votre aspect pourtant nous fait sentir
Que le bonheur parfois y peut venir !

TOUTES.

Oui, le bonheur par vous y peut venir !

LA PRINCESSE.

2e COUPLET.

Rien ne vient à l'ombre !
Pourtant ce lieu sombre,
Aspect sans pareil,
Regardant les jeunes filles.
M'offre, fleur jolie,
Fraîcheur qu'on envie,
Rose au teint vermeil !
Et si la rose y vient... pour la cueillir,
L'amour, je pense, y doit aussi venir,
Oui, les maris y vont bientôt venir !

Elle donne à Lisanka de l'or que celle-ci distribue aux jeunes filles.

LES JEUNES FILLES, montrant les jeunes gens qui s'approchent d'elles et faisant la révérence à la princesse.

Oui, grâce à vous, les maris vont venir !

LISANKA, s'approchant de la princesse, lui dit à voix basse en lui faisant la révérence.

Le prisonnier est là !...

Montrant la droite.

Dans cette galerie !

La première cellule !

LA PRINCESSE, vivement et à voix basse.

Ah ! je te remercie !

Dès que je serai seule, envoie ici Roskaw.

LISANKA, de même.

Oui, marraine, aussitôt !

Zizianow, qui avait remonté le théâtre pour donner des ordres aux mineurs, se trouve en redescendant derrière la princesse et Lisanka, et entend leurs derniers mots.

ZIZIANOW, à part.

« Dès que je serai seule... envoie ici Roskaw... » Pourquoi ?... je le saurai !

CHŒUR général.

La voilà ! la voilà ! c'est elle
Oui, généreuse autant que belle,
Daigne descendre parmi nous
Afin de nous marier tous !

Lisanka, les jeunes filles et les ouvriers sortent par les galeries de gauche ou du fond.

SCÈNE VI.

ZIZIANOW, LA PRINCESSE.

ZIZIANOW.

Je vous fais compliment, princesse, vous avez été brave ! plus brave que nous. D'abord, le pauvre banquier, ainsi que son domestique allemand, quand il s'est vu suspendu au-dessus de l'abîme, tremblait de tous ses membres... (riant) dans l'esquif qui portait Crésus et sa fortune ! Moi-même... je trouvais le temps de la descente un peu long... et vous, calme et tranquille...

LA PRINCESSE.

Je regardais ! C'est très curieux !

ZIZIANOW.

De nouvelles merveilles vous attendent... nous allons vous montrer des rues, des habitations, une église taillée dans la mine... et tout cela, à la lueur des torches, semble autant de murailles de diamants... venez !... je suis à vos ordres...

LA PRINCESSE.

Permettez ? Je vous ai entendu dire que vous de-

viez faire l'inspection des prisonniers d'État renfermés dans ces mines... et le devoir avant tout...

ZIZIANOW.

Quand deux heures sonneront à l'horloge de la mine ! Nous pouvons donc en attendant commencer cette excursion... où, dans son impatience du retour, Klaremberg nous a déjà devancés.

LA PRINCESSE.

Un instant ! Avant d'entreprendre un voyage aussi long, j'ai besoin de reprendre haleine... je ne marche pas avec la même facilité que vous... et je vous demanderai la permission de nous reposer un peu...

Zizianow s'empresse de lui approcher un fauteuil en bois.

LA PRINCESSE, après s'être assise.

Qu'est-ce que j'ai donc appris sur notre jeune sergent... Constantin Nelidoff... on m'a parlé de dispute, de vivacités de jeune homme... d'épée tirée...

ZIZIANOW.

Contre moi... rien que cela !

LA PRINCESSE, regardant Zizianow avec compassion.

Pauvre colonel !

ZIZIANOW.

Il y va tout simplement pour lui de la peine de mort ou de la Sibérie !

LA PRINCESSE, riant.

Allons donc !

ZIZIANOW.

L'empereur lui-même prononcera d'après le rapport que je dois lui adresser...

LA PRINCESSE.

Rapport que vous n'enverrez pas...

ZIZIANOW.

Moi !..

LA PRINCESSE.

J'en suis persuadée !

ZIZIANOW.

Et pourquoi, s'il vous plaît ?

LA PRINCESSE.

Parce que vous êtes un homme d'honneur, d'esprit et de savoir-vivre... (vivement) vous ne pouvez pas nier cela !... Or, comme vous êtes juge et partie en cette affaire, votre honneur vous ordonne de vous abstenir ! Votre esprit vous dira que c'est le beau rôle... et votre savoir-vivre vous fera comprendre qu'on ne refuse jamais à une femme... surtout quand elle parle de pardon et de clémence !

ZIZIANOW.

Mais vous, madame, vous qui parlez de clémence... vous devriez d'abord prêcher d'exemple... et alors... on s'efforcerait d'imiter un si beau modèle !

LA PRINCESSE.

Et quelles sont, s'il vous plaît, les offenses que je n'ai pas pardonnées ?

ZIZIANOW.

Mais... les miennes...

LA PRINCESSE.

Les vôtres, colonel ?

ZIZIANOW.

Oui, dans une injuste prévention, dans un fatal aveuglement, je vous ai méconnue... outragée.

LA PRINCESSE, gaiement.

Non pas ! Vous m'avez refusée, voilà tout !

ZIZIANOW.

Je ne vous connaissais pas alors, je ne vous avais pas vue... j'ignorais cette grâce, ce charme qui attire et subjugue... je ne m'en cache pas, moi, j'avoue mes torts, et vous, loin de les oublier, vous vous montrez pour moi sans indulgence et sans pitié !...

LA PRINCESSE.

Vous vous trompez !... on m'avait dit de vous un mal énorme !

ZIZIANOW, avec colère.

Est-il possible ?

LA PRINCESSE.

Rassurez-vous !... (Gaiement.) Je ne crois jamais que la moitié de ce qu'on me dit... et même, en ce moment, je me sens disposée... à vous faire bon marché de l'autre moitié...

ZIZIANOW.

Prouvez-le moi donc, en me permettant de faire valoir et revivre les droits que le Czar notre maître m'avait donnés sur vous !...

LA PRINCESSE.

J'ai juré de ne jamais me marier... et j'ai l'habitude de tenir mes serments !

ZIZIANOW.

Mais si vous y manquiez ?

LA PRINCESSE.

Si je faisais une pareille folie... il n'y a pas de doute, colonel, que vous n'eussiez des chances ! (D'un air gracieux.) Les intentions de l'empereur... et plus encore votre mérite personnel... votre générosité... (Avec un sourire.) Revenons à Constantin Nélidoff... Vous n'en verrez pas le rapport ?

ZIZIANOW.

Il est déjà écrit !

LA PRINCESSE.

Tant mieux ! vous aurez le mérite de le déchirer ! et pour faire taire tous les bruits qui pourraient

s'élever à ce sujet, vous demanderez pour lui de l'avancement.

ZIZIANOW, riant.

Je vous admire, princesse, vous avez toujours en réserve des moyens...

LA PRINCESSE, riant.

Victorieux.

ZIZIANOW.

Par malheur... celui-ci ne saurait l'être ! Nélidoff ne peut obtenir aucun avancement dans l'armée, ni s'élever jamais au dessus du grade inférieur qu'il occupe.

LA PRINCESSE.

Et pourquoi ?

ZIZIANOW.

Le comte Nélidoff, son père, ministre sous le dernier règne, a été privé de la noblesse dans sa personne et dans celle de ses descendants... pour crime de malversations dans les deniers de l'État...

LA PRINCESSE, vivement.

Eh oui vraiment ! trois millions de roubles qu'il avait payés et dont il n'a pu produire le reçu... A telles enseignes qu'à cette époque tout le monde plaignait le pauvre comte, disant qu'une main ennemie avait soustrait cette pièce qui seule pouvait rendre l'honneur à lui et à ses enfants.. On accusait même de cet acte de vengeance ou de jalousie le premier ministre comte de Biren, votre oncle...

ZIZIANOW.

Je le sais !

LA PRINCESSE.

Et dans les papiers de cet oncle dont vous étiez héritier, vous n'avez rien trouvé qui pût justifier le pauvre Nélidoff ?

ZIZIANOW.

Il aurait fallu pour cela se livrer à des recherches auxquelles je n'ai pas même songé... mais dont on pourrait, si vous y tenez beaucoup, s'occuper encore..

LA PRINCESSE.

En vérité !

ZIZIANOW, souriant.

A une condition cependant... qui dépendrait de vous...

LA PRINCESSE vivement.

Ah ! ce mot seul me prouve que vous avez déjà fait ces recherches...

ZIZIANOW, riant.

Moi !

LA PRINCESSE.

Que vous avez trouvé ce papier !

ZIZIANOW, riant.

Allons donc !..

LA PRINCESSE.

Et qu'il est en vos mains !

ZIZIANOW lentement et la regardant d'un air moqueur.

Eh bien, princesse, supposons... (vivement) ce qui n'est pas... qu'un hasard m'ait livré une pièce de cette importance : trouveriez-vous, je m'en rapporte à votre adresse et à votre esprit, à vous qui en avez plus que personne au monde, trouveriez-vous qu'il fût d'une bonne et sage politique de se dessaisir d'un titre qui doit réhabiliter, enrichir et rendre à jamais heureux... un rival !

LA PRINCESSE.

Un rival... lui ! Constantin !

ZIZIANOW.

Tenez, Princesse, comme nous le disons quelquefois, nous autres joueurs, jouons cartes sur table. Ce jeune homme-là vous aime, vous adore... à en perdre la raison...

LA PRINCESSE, avec émotion.

Allons donc !

ZIZIANOW.

J'ai peut-être tort de vous le dire! mais il me l'a avoué, à moi, et devant tous mes amis, avec une chaleur, un emportement... et je dirai même d'une manière si inconvenante, que j'ai dû lui en demander raison... c'est pour cela que nous avons failli nous battre... parce que moi, madame, moi qui vous aime et vous aimerai toujours...

LA PRINCESSE, le regardant d'un air railleur.

Tenez, colonel, comme vous le disiez très bien tout à l'heure, jouons cartes sur table... vous ne vous inquiétez de moi, nullement; de mon immense fortune, un peu; mais beaucoup d'un grand et important secret dont vous me croyez maîtresse, et qui vous donnerait les moyens d'être toujours riche !

ZIZIANOW.

Ah ! c'est Klaremberg qui m'a trahi et vous a raconté notre conversation d'hier !

LA PRINCESSE.

Eh bien, comme vous le disiez vous-même, supposons... (vivement.) ce qui n'est pas... que, dernière héritière des Polowski... j'aie reçu de ma mère la confidence d'un tel secret, trouveriez-vous, je m'en rapporte à votre sagacité, à vous qui en avez autant que personne au monde, trouveriez-vous qu'il fût d'une bonne et sage politique de livrer un trésor si précieux à une amitié trop récente pour ne pas inspirer des doutes, à un amour trop prompt pour ne pas être suspect, et qui, du reste, n'offre aucune garantie.....

ZIZIANOW.

Lesquelles vous faut-il donc ?

LA PRINCESSE.

Le redire serait faire injure à votre intelligence.

ZIZIANOW.

N'importe! parlez, de grâce !

LA PRINCESSE.

Eh bien! colonel, si j'étais vous... je déchirerais d'abord ce rapport à l'empereur, je rendrais sur-le-champ Constantin Nelidoff à la liberté...

ZIZIANOW, à part.

O ciel !

LA PRINCESSE.

Je lui remettrais surtout ce titre, cette pièce justificative qui rend l'honneur à son père et à lui...

ZIZIANOW.

Vous oubliez que ce titre... je ne l'ai pas !

LA PRINCESSE.

Vous oubliez que, tout à l'heure, vous êtes convenu du contraire; et, du reste, si vous ne l'avez pas, c'est à vous de vous le procurer : cela ne me regarde pas, c'est votre affaire...

ZIZIANOW, avec émotion.

Et alors ?...

LA PRINCESSE, avec coquetterie.

Alors, colonel, nous verrons !

ZIZIANOW, la regardant attentivement et avec défiance.

Princesse !... vous voulez me tromper !

LA PRINCESSE, riant.

La supposition est gracieuse... Et pourquoi, s'il vous plaît, n'aurais-je pas de vous la même pensée ?...

ZIZIANOW.

Moi !... votre ami !...

LA PRINCESSE.

J'ai entendu dire qu'il n'y avait pas d'amis au jeu, et comme nous jouons là une partie très importante, très difficile, très serrée... (On entend sonner deux heures.) que nous n'aurons pas le temps d'achever, car l'horloge vous avertit que voici l'heure de la visite des prisonniers...

ZIZIANOW, avec impatience.

Au diable les affaires d'Etat !

LA PRINCESSE.

Non pas! les affaires d'abord, les plaisirs après! nous reprendrons plus tard notre conversation... Que je ne vous retienne pas, de grâce !

ZIZIANOW, à part.

C'est juste!... j'oubliais Roskaw, qu'elle attend. (Haut.) Je vous laisse, madame, je vous laisse...

Il sort par l'escalier taillé dans le pilier du milieu.

SCÈNE VII.

LA PRINCESSE, seule.

RÉCITATIF.

Constantin, je l'ai dit, sortira de ces lieux !
Ce qu'une femme veut, Dieu le veut !...

Se levant.

et je veux !..

Regardant vers la droite.

Et puissent les échos de la voûte sonore
Porter dans le cachot, qui le retient encore,
Mes chants consolateurs, mon espoir et mes vœux !

ROMANCE, avec accompagnement de cor anglais
figurant l'écho.

1er COUPLET.

Dans ces demeures souterraines,
Sombre prison,
Vous qui gémissez dans les chaînes
Et l'abandon !
Qu'en votre cœur, ma voix éveille
Rêves plus doux !
Sur vous encor l'amitié veille...
M'entendez-vous ?

2e COUPLET.

Ici-bas, chacun vous délaisse,
Et moi, j'accours !
Oui, pour rendre à votre jeunesse
Tous ses beaux jours !
Je veux briser votre esclavage
Et vos verroux !
L'amitié double le courage,
M'entendez-vous ?

Ce dernier vers est répété plusieurs fois en sons prolongés par les différents échos de la galerie.

CONSTANTIN, en dehors, répétant le motif de sa romance de la 1re scène du 2e acte.

Cachez bien tous mes secrets,
Ne dites pas que je l'aime ;
Oui, je l'aime ! je l'aime !
Et comme on n'aima jamais !

LA PRINCESSE, reconnaissant la voix de Constantin.

C'est lui ! c'est lui ! sa voix touchante
Jusqu'à mon cœur a retenti ;
Il sait que dans ces lieux je suis présente,
Qu'ici je veille auprès de lui !

LA PRINCESSE.

Dans ces demeures souterraines,
Sombre prison,
Vous qui gémissez dans les chaînes
Et l'abandon !

CONSTANTIN, en dehors.

Cachez bien tous mes secrets,
Ne dites pas que je l'aime !
Oui, je l'aime ! je l'aime !
Et comme on n'aima jamais !

ENSEMBLE.

SCÈNE VIII.

La PRINCESSE, KLAREMBERG amené par LISANKA
et suivi de ROSKAW.

LISANKA, à Klaremberg, montrant la princesse.

Tenez, monsieur, la voici !

LA PRINCESSE, allant à lui.

Monsieur Klaremberg !... comme vous êtes pâle !

KLAREMBERG.

La course... l'émotion... c'est fort joli !... Ces murailles de sel... ont d'abord un air de diamants... un faux air... qui m'a séduit. J'ai voulu voir, j'ai vu !... je m'en vas !

LA PRINCESSE.

Sans moi...

KLAREMBERG.

J'étouffe ici, dans ces galeries ! vu surtout les courants d'air...

LA PRINCESSE, riant.

Allons donc !

KLAREMBERG.

Qui tout-à-l'heure.. par les effets du gaz... qui s'enflamme... je ne vous dirai pas au juste... ont occasionné une explosion !... Un pauvre ouvrier qui, devant moi, est tombé sans connaissance.

LISANKA, naïvement.

Cela arrive souvent ! très souvent !

KLAREMBERG, vivement.

Je suis très pressé de continuer mon voyage ! les affaires de banque ne souffrent pas de retard... J'ai réclamé pour mon domestique Péters et pour moi le droit de remonter là-haut, immédiatement ! car, notez bien que pour respirer il faut un permis, un laissez-passer... que le prince m'a accordé, en riant comme un fou !

LA PRINCESSE.

Et en renouvelant ses plaisanteries...

KLAREMBERG.

Sur la poltronnerie des écus ! on devrait dire: leur courage... Car enfin, je vous demande un peu si quelqu'un qui a trois ou quatre millions ne risque pas plus que celui qui n'a rien. C'est absurde. Aussi je pars... Mais j'ai voulu vous prévenir, qu'avant de descendre dans ces souterrains, le prince avait expédié, devant moi, son rapport à l'empereur, sur l'affaire de Constantin Nelidoff...

LA PRINCESSE, à part.

Ah ! le traître !

LISANKA.

Alors ce pauvre jeune homme est perdu !

ROSKAW.

Fusillé !

LISANKA et KLAREMBERG, avec effroi.

Fusillé !...

LA PRINCESSE.

Pas encore !... (A Klaremberg) si vous me venez en aide.

KLAREMBERG.

Moi !... et comment ?

LA PRINCESSE.

Lisanka me racontait hier que vous n'aviez pas perdu le souvenir d'une aventure qui vous était arrivée... un soir... à la cour d'Elisabeth...

ROSKAW, vivement, à Klaremberg.

Oui... oui... quand la princesse Polowska vous donna trois cartes gagnantes...

LISANKA, de même.

Qui empêchèrent votre ruine !

KLAREMBERG, à la Princesse.

Je sais ce que je dois à la princesse votre mère, et quoique tous les jours on calomnie les écus, il y en a, croyez-moi, qui ne sont pas ingrats... et les miens sont à votre service ! disposez de mes capitaux !

LA PRINCESSE.

Je vous remercie !

KLAREMBERG, avec chaleur.

Sans intérêts, bien entendu ! sans intérêts ! de l'or, des traites, des lettres de change sur Vienne, sur Londres, sur Amsterdam... le meilleur papier !

LA PRINCESSE.

Je n'en veux qu'un ! le laissez-passer que le prince Zizianow vient de signer pour vous et pour votre domestique Péters...

KLAREMBERG.

Que voulez-vous dire ?

LA PRINCESSE.

Que celui-ci nous restera quelques heures encore, je me charge de lui, et vous emmènerez à sa place, couvert du chapeau et du manteau à votre livrée, Constantin Nelidoff...

KLAREMBERG.

Impossible ! il est, dit-on, renfermé ici dans un cachot...

LA PRINCESSE, vivement.

Dont Roskaw a la clé !

LISANKA.

Et je suis sûre de Roskaw...

LA PRINCESSE, gaiement.

Ma filleule en répond !

ROSKAW.

Un instant !...

LA PRINCESSE.

Il est à nous !

ROSKAW.

A une condition...

LA PRINCESSE, regardant Lisanka.

Que je devine !

ROSKAW, avec embarras.

Peut-être ?

LA PRINCESSE, vivement à Roskaw.

N'importe, j'y consens d'avance ! la clé ?...

ROSKAW, la lui donnant.

La voici !

LA PRINCESSE, à Roskaw.

Combien faut-il de temps pour remonter ?

ROSKAW.

Plus de vingt minutes... et tant qu'on n'est pas arrivé à la sortie extérieure, on peut toujours donner le signal pour faire redescendre...

LA PRINCESSE, à Lisanka.

Tiens, Lisanka, délivre Constantin... et vous, Klaremberg, veillez sur lui... Que par vos soins il sorte de la Russie... ne le quittez pas avant qu'il ait franchi la frontière... et si vous le pouvez, trouvez-vous dans dix jours aux eaux de Calrsbad... je m'y rendrai de mon côté...

KLAREMBERG.

Pourquoi ?

LA PRINCESSE.

Je vous le dirai... mais partez au plus vite... (Tendant la main à Klaremberg.) Merci, Klaremberg !

KLAREMBERG.

Je vous devais tant, à vous ou aux vôtres qui ont protégé en moi un malheureux...

LA PRINCESSE.

Vous venez d'en sauver un autre... nous sommes quittes à présent !

Klaremberg et Lisanka sortent par la droite.

SCÈNE IX.

ROSKAW, LA PRINCESSE.

ROSKAW, à part.

A nous deux maintenant !

DUO.

ROSKAW, à part, et pendant que la princesse regarde à droite Klaremberg et Lisanka qui s'éloignent, avalant quelques gorgées d'une gourde d'eau-de-vie.

Allons donc, lâche, et que cette liqueur,
Pour un instant, te donne au moins du cœur !

S'approchant de la princesse et s'animant peu à peu.

Je veux vous dire et vous apprendre...
Que ces lieux sont muets et sourds !

La princesse, sans faire attention à ce qu'il dit, regarde toujours avec inquiétude du côté du cachot de Constantin.

ROSKAW, avec égarement.

Que le prisonnier part et ne peut vous entendre,
Ni venir à votre secours !

LA PRINCESSE, à part, avec étonnement.

Que dit-il là ?

ROSKAW, buvant encore une gorgée d'eau-de-vie et avec plus d'emportement.

Je dis qu'en d'autres galeries
Ils sont tous éloignés... et nous sommes tous deux
Seuls... tout à fait seuls... en ces lieux...

Avec explosion.

Et dussé-je, après tout me damner...

LA PRINCESSE, se retournant avec dignité.

Tu t'oublies !

ROSKAW, vivement, à demi-voix et avec emportement.

Vous avez des secrets... qu'on vous a confiés...
Trois cartes... un anneau ! je sais tout !... vous voyez !
Il me faut cet anneau, ces trois cartes gagnantes...
Je les veux à tout prix, sinon...

LA PRINCESSE, effrayée.

Tu m'épouvantes !
Et tu n'es pas, Roskaw, dans ton bon sens !

ROSKAW, portant la main à son cœur et à son front.

C'est vrai ! partout la flamme et des brasiers ardents !

ROSKAW, avec emportement.

Dans la fureur qui me possède,
A l'enfer même j'ai recours !
Que Belzébuth me vienne en aide ;
Cédez !... ou tremblez pour vos jours !

Avec prière.

Pour vous-même, je vous supplie,
Craignez son pouvoir infernal !
Pour vous soustraire à ma furie,
Livrez-moi ce secret fatal !

LA PRINCESSE, regardant avec frayeur autour d'elle.

A l'horreur... à l'effroi je cède ;
Seule... en ces lieux... et sans secours !
Qui pourrait me venir en aide ?
A quels moyens avoir recours ?

S'adressant à Roskaw d'un air suppliant.

Insensé ! quelle frénésie
Te pousse à ce dessein fatal ?
Reviens à toi, je t'en supplie !
Abjure un délire infernal ?

(ENSEMBLE.)

LA PRINCESSE, avec frayeur et cherchant à l'apaiser.

Écoute-moi.... Crois-moi, ce secret, sur mon âme,
n'existe pas !

ROSKAW, avec colère.

Vous voulez me tromper ?

LA PRINCESSE.

Moi !

ROSKAW.

Mais le prisonnier, songez-y bien, madame,
N'a pas encor pu s'échapper !

LA PRINCESSE.

O ciel !

ROSKAW.

Rien qu'un seul cri peut le rendre au supplice !

LA PRINCESSE.

Tais-toi ! j'oublierai tout !

ROSKAW.

Non ! vous n'oublierez rien !
Et d'avance, je sais quel sort sera le mien !
Le knout jusqu'à la mort !... et ce sera justice !
Mais puisque de mes jours j'ai fait le sacrifice,
Je ne risque plus rien.

Avec fureur.

Ce secret !... ce secret..
Je le veux... ou de vous... et de toi c'en est fait !

ROSKAW, hors de lui.

Dans la fureur qui me possède,
A l'enfer même j'ai recours !
Que Belzébuth me vienne en aide !
Cédez !... ou tremblez pour vos jours !

Avec supplication.

Pour vous-même, je vous supplie,
Craignez son pouvoir infernal !
Pour vous soustraire à ma furie,
Livrez-moi ce secret fatal !

LA PRINCESSE, à part, avec terreur.

A l'horreur, à l'effroi, je cède...
Seule... en ces lieux... et sans secours,
Qui pourrait me venir en aide ?
A quel moyen avoir recours ?

Haut et se retournant vers Roskaw.

Insensé ! quelle frénésie
T'entraîne à ce destin fatal ?
Reviens à toi, je t'en supplie !
Abjure un délire infernal !

A la fin de cet ensemble, Zizianow paraît à l'une des fenêtres ogives du pilier qui est au milieu du théâtre. Il aperçoit la princesse et Roskaw, avance la tête et écoute.

LA PRINCESSE, avec émotion.

Tu le veux !... ce secret qu'ici... tu me demandes...

ROSKAW, vivement.

Vous en convenez donc, existe !...

(ENSEMBLE.)

LA PRINCESSE.

Oui ! mais je crois

Qu'il doit peu te servir !

ROSKAW.

Je connais nos légendes !

En sa vie, on ne peut s'en servir qu'une fois !
Je la choisirai bonne, alors, et peu m'importe...

LA PRINCESSE, montrant la bague qu'elle a au doigt.

Et quant à cet anneau... l'imprudent qui le porte,
Songes-y bien, est maudit !

ROSKAW.

Peu m'importe !

LA PRINCESSE, regardant toujours du côté à droite.

Écoute donc !

Roskaw s'approche d'elle, Zizianow avance la tête et
redouble d'attention.

Celui qui porte ce rubis

Est sûr, en retournant son chaton magnétique,
De gagner, s'il choisit les cartes que je dis :
Le *trois*, le *dix* et la *dame de pique* !

ROSKAW, répétant.

Le *trois*, le *dix* et la *dame de pique* !
Je ne l'oublierai pas !

A la princesse.

Par ces trois cartes-là,

Trois fois, quelle que soit la somme, on gagnera !

LA PRINCESSE.

Oui !

ROSKAW.

Bien !

Le trois !

ZIZIANOW, caché, à part, répétant.

Le trois !

ROSKAW, de même, répétant.

Le dix !

ZIZIANOW, de même.

Le dix !

ROSKAW.

Et la dame de pique !

Se retournant vers la princesse.

Et l'anneau maintenant ?

LA PRINCESSE, tirant une bague de son doigt.

Le voilà !

ROSKAW, avec transport, le prenant.

Le voilà !

ROSKAW.

Bonheur auquel j'aspire,
Objet de mon délire,
Fût-ce au prix du martyre,
Je vais te posséder !
Et bravant l'anathème,
Du sort maître suprême,
A la fortune même
Je pourrai commander !

LA PRINCESSE, à part et gaiement.

Étrange et vain délire !
Il a fallu lui dire
Le secret qu'il désire
Et qu'il veut posséder !

Regardant Roskaw.

Oui, bravant l'anathème,
Du sort maître suprême,
A la fortune même
Il pourra commander !

ENSEMBLE.

SCÈNE X.

LES PRÉCÉDENTS, ZIZIANOW paraissant, puis les
CHOEURS, hommes, femmes et enfants sortant des
différentes galeries et portant des flambeaux.

ROSKAW, apercevant Zizianow et s'éloignant de la
princesse.

C'est monseigneur !...

ZIZIANOW, à part et s'avançant au bord du théâtre en
regardant la princesse.

Ah ! malgré vous, traîtresse,

Sans qu'il m'en coûte rien, j'ai donc votre secret...

Regardant Roskaw.

Ou je l'aurai bientôt tout entier !

Haut et s'adressant à la princesse.

Tout est prêt !

Et, pour notre voyage, on nous attend, princesse !

Le *CHOEUR*, qui est entré pendant ces derniers vers
et qui porte des flambeaux.

Que la nuit éternelle,
Qui règne en ce séjour,
Un moment étincelle
De tout l'éclat du jour !
Flambeaux, chassez les ombres !
Et que vos feux brillants
Sur nos murailles sombres
Sèment les diamants !

ROSKAW, à part, au coin du théâtre à gauche et regardant son anneau.

Cette fois donc enfin,

Fortune !.. je te tiens enchaînée en ma main !

ZIZIANOW, qui pendant ce temps a parlé bas à Sowbakin en lui montrant Roskaw.

Tu m'as compris ?...

SOWBAKIN, de même.

Pas trop ! n'importe, point de grâce !

Car je le hais !

ZIZIANOW, de même.

Pourquoi ?

SOWBAKIN, de même.

N'a-t-il pas une place

Au-dessus de la mienne ?

ZIZIANOW, de même.

Eh bien ! elle est à toi !

SOWBAKIN, avec joie.

Sa place !

ZIZIANOW.

Eh oui !...

SOWBAKIN.

C'est juste ! alors comptez sur moi !...
On entend dans le lointain un son de cor.

ZIZIANOW, en souriant à la princesse.

Entendez-vous ?... enfin notre banquier respire !

LA PRINCESSE, à part.

Moi de même !

ZIZIANOW, de même.

Il a vu le jour !

LISANKA, entrant et se glissant près de la princesse.

Plus de frayeur !

Il est sauvé !... sauvé !...

LA PRINCESSE.

Quel bonheur !

LISANKA.

Quel bonheur !

ZIZIANOW, regardant la princesse d'un air de raillerie.

Quel bonheur !

ROSKAW, regardant sa bague.

Quel bonheur !

SOWBAKIN, regardant Roskaw.

Quel bonheur !

ROSKAW.

Trésor auquel j'aspire !
Objet de mon délire,
Secret que je désire,
Je vais vous posséder !
Et, bravant l'anathème,
Du sort maître suprême,
A la fortune même
Je pourrai commander !

LA PRINCESSE.

Étrange et vain délire
Que je n'ose maudire !
Au but auquel j'aspire
Vous m'avez su guider !

Regardant Roskaw.

Oui, bravant l'anathème,
Du sort maître suprême,

A la fortune même
Il pourra commander !

ZIZIANOW.

Trésor auquel j'aspire !
Objet de mon délire,
Secret que je désire,
Je vais vous posséder !
Et, dans le jeu que j'aime,
Du sort maître suprême,
A la fortune même
Je pourrai commander !

LISANKA, regardant la princesse.

Au malheur qui soupire,
Sa bonté vient sourire !
Et son pouvoir n'aspire
Qu'aux moyens de l'aider !
O marraine que j'aime,
Qu'un jour, l'amour lui-même
Vers le bonheur suprême
Puisse aussi la guider !

SOWBAKIN, regardant Roskaw.

Bonheur que je désire,
Objet de mon délire,
Cette place où j'aspire,
Je vais la posséder !
Ah ! quelle joie extrême !
A mon tour, ici même,
Comme un maître suprême
Je pourrai commander !

CHŒUR.

Que la nuit éternelle
Qui règne en ce séjour,
Un moment étincelle
De tout l'éclat du jour !
Flambeaux ! chassez les ombres !
Et que vos feux brillants
Sur nos murailles sombres
Sèment les diamants !

Toutes les galeries sont illuminées. Zizianow, qui a offert sa main à la princesse, s'avance vers la galerie du fond. Roskaw, sur le devant du théâtre et plongé dans ses rêveries, a l'air de s'éveiller au moment où Lisanka, étonnée, lui frappe sur l'épaule, tandis que Sowbakin, à droite du théâtre, regarde Roskaw d'un air menaçant et semble méditer contre lui quelques projets.

La toile tombe.

ENSEMBLE.

FIN DU DEUXIÈME ACTE.

ACTE TROISIÈME.

Les eaux de Carlsbad. Un pavillon au milieu du jardin des bains. Au fond, la fontaine d'où s'échappe la source.

SCÈNE Ire.

KLAREMBERG, seul, assis près d'une table à gauche et parcourant le livre des voyageurs.

Quelle affluence aux eaux de Carlsbad... ce sont des eaux si salutaires pour ceux qui se portent bien... et quand je parcours le livre des voyageurs... (Lisant.) Le marquis, le comte... l'archiduc vice-roi de Bohême... Je le savais... car j'ai de lui aujourd'hui une audience, toujours pour mon emprunt... (Continuant.) Des grandes dames, des grands seigneurs... des petits princes allemands venant ici incognito, et bien plus inconnus encore s'ils voyageaient sous leur véritable nom... ah! ah! le colonel prince Zizianow... notre ami arrivé depuis hier, et pourquoi?.. parbleu! Carlsbad est le salon de jeu de toute l'Europe... et les monceaux d'or entassés sur son tapis vert doivent tenter un joueur tel que lui... Mais, parmi tous ces noms, je ne vois pas celui de la princesse Polowska... Elle m'a pourtant prié de l'attendre ici aujourd'hui!

SCÈNE II.

KLAREMBERG, LISANKA, entrant par le fond, suivie de deux domestiques portant des paquets.

LISANKA, leur désignant la gauche.

Là, dans le petit pavillon!

Les deux domestiques sortent.
KLAREMBERG, apercevant Lisanka.

Lisanka!

LISANKA.

Monsieur de Klaremberg!

KLAREMBERG.

Ta maîtresse est ici?

LISANKA.

Pas encore, Monsieur... je l'ai laissée hier à Pilsen, où elle s'est arrêtée pour une importante affaire que je ne connais pas... m'ordonnant de partir, avec sa voiture et ses gens, pour faire préparer son logement à Carlsbad, où elle doit arriver ce matin... attendu qu'elle y a donné rendez-vous à quelqu'un!

KLAREMBERG.

A moi, ma chère enfant!

LISANKA.

Oui, monsieur... (à part) et à une autre personne encore!

KLAREMBERG.

Une femme exacte, une femme rare... fidèle à sa parole... et je ne peux rien faire de mieux que de déjeûner en l'attendant...

A Lisanka.

Lisanka, si ta maîtresse arrive, dis-lui que je suis à ses ordres!

Il sort par le premier plan à droite.

SCÈNE III.

LISANKA, ROSKAW entrant par le fond.

ROSKAW apercevant Lisanka et courant après elle.

Lisanka!

LISANKA.

Roskaw!

ROSKAW.

Oui, moi!

LISANKA.

Toi, aux eaux de Carlsbad! toi que je croyais perdu à jamais! Pourquoi disparaître du château et des mines de Polowsk... pourquoi nous quitter?

ROSKAW.

Bien malgré moi... Ah! la princesse avait raison en disant que son secret et son anneau portaient malheur à qui les possédait!

LISANKA, haussant les épaules.

Qu'est-ce que tout cela signifie?

ROSKAW.

Que pendant un instant, j'ai eu dans ma main tous les trésors du monde... ces trois cartes gagnantes et cette bague dont il suffit de retourner le chaton...

LISANKA.

Tu as perdu la tête !

ROSKAW.

Maintenant, oui ! mais alors, j'avais toute ma raison, j'en suis sûr ! Le soir était venu, je sortais de la mine, me demandant en moi-même combien je mettrais d'argent sur chaque carte... ce que je ferais des richesses que j'allais gagner... et surtout où je les cacherais... lorsqu'en traversant le bois de sapin, on s'élance sur moi, et avant que j'aie pu me défendre, on m'avait renversé à terre, un bâillon dans la bouche, un bandeau sur les yeux.

LISANKA.

Pauvre Roskaw !

ROSKAW.

Ça n'est rien.

LISANKA.

Maltraité... blessé peut-être !

ROSKAW.

Ça ne serait rien... Ils m'avaient pris mon anneau.

LISANKA avec chagrin.

Notre anneau de fiançailles...

ROSKAW avec impatience.

Ce ne serait...

LISANKA vivement et avec reproche.

Comment, monsieur ?

ROSKAW.

Ce ne serait rien... pour eux... ils avaient d'autres idées... Ils m'ont arraché... ma bague... mon talisman... sans lequel les trois cartes gagnantes deviennent inutiles... puis me roulant dans un kibitch jusqu'au delà de la frontière... on m'a dit à l'oreille... marche devant toi... marche!.. car si jamais tu remets les pieds en Russie, tu es mort!..

LISANKA.

Ah mon Dieu ! et quels étaient ces gens-là ?

ROSKAW.

Est-ce que je sais ?

LISANKA.

Des voleurs...

ROSKAW.

Non..... car ils m'ont glissé dans ma poche une bourse de six cents roubles...

LISANKA.

Que tu as encore ?...

ROSKAW.

Que j'avais... que je n'ai plus...

LISANKA.

On te l'a reprise ?..

ROSKAW.

Oui... d'autres...

LISANKA.

D'autres voleurs ?,..

ROSKAW.

C'est possible... Ici à Carlsbad, là-bas, un grand tapis vert... vois-tu Lisanka, chacun met la somme qu'il veut, sur trois cartes de son choix, étalées sur la table... puis le banquier prend un autre jeu à lui !.. il tire en disant : Telle carte gagne ! telle carte perd... et le trois... le dix... et la dame de pique... n'oublie pas ces trois cartes-là... le trois... le dix... et la dame de pique... avec elles on doit toujours gagner...

LISANKA.

Tu as donc gagné ?

ROSKAW, avec impatience.

J'ai tout perdu ! Cela devait être... ne t'ai-je pas déjà dit que je n'avais plus la bague qu'il suffit de retourner pour rendre ces trois cartes toutes puissantes ?... Alors, ne pouvant m'enrichir ici, comme joueur... j'ai demandé à y rester comme valet.

LISANKA.

Pour vivre ?

ROSKAW.

Oui... et pour voir jouer !... Je suis là, tous les soirs, non pas dans les salons de bal... mais dans celui du jeu ! je vois avec délice, avec rage... tout ce monde qui s'enrichit...

LISANKA.

Et ceux qui se ruinent ?...

ROSKAW.

Je ne les vois pas.

LISANKA.

Mon pauvre Roskaw ! tu es fou !

ROSKAW, portant la main à son front.

Tu as peut-être raison !...

ROSKAW.

1er COUPLET.

Le *trois*... le *dix*,... et la *dame de pique*...
     Trio fatal!.. qui me poursuit !
Et que partout une main fantastique
     A mes yeux trace jour et nuit...
     Même dans l'ombre il étincelle,
     Car c'est Belzébuth qui m'appelle
     Et le montre avec son flambeau :
      » Roskaw !... Roskaw !... »

Baissant la tête d'un air de compassion.

     Satan a brouillé son cerveau :
     Il est fou, le pauvre Roskaw !
      Roskaw, Roskaw !
      Pauvre Roskaw !

2e COUPLET.

J'entends le bruit de l'argent qui résonne !
Des monceaux d'or sont devant moi.

Puis une voix me dit : Je te les donne !
Prends-les , ces trésors sont à toi.
Regardant Lisanka.
Au fond du cœur alors s'éveille
Doux souvenir qui me conseille
Et me montre un chemin nouveau :
« Roskaw ! Roskaw !... »
Avec tristesse.
Ah ! c'en est fait de son cerveau !
Il est fou le pauvre Roskaw !
Roskaw ! Roskaw !
Pauvre Roskaw !

ENSEMBLE.

Ah ! c'en est fait de son cerveau !
Il est fou le pauvre Roskaw !
Roskaw ! Roskaw !
Pauvre Roskaw !

Au dehors on entend appeler : Roskaw? Roskaw?

LISANKA.

Entends-tu ?... on t'appelle !

ROSKAW.

J'y vais !

LISANKA.

Vois si le pavillon que l'on m'a promis est prêt.

ROSKAW.

Oui, et je reviens.

LISANKA.

Car ma maîtresse doit arriver à onze heures ..
Quelle heure est-il ?

ROSKAW, préoccupé.

Dix de pique... (se reprenant) non, dix heures !...

VOIX en dehors.

Roskaw ! Roskaw !

Il va pour sortir par le fond, aperçoit Zizianow qui
entre de ce côté, il s'arrête, le regarde et s'enfuit
par la droite.

SCÈNE IV.

KLAREMBERG, ZIZIANOW, LISANKA.

ZIZIANOW, entrant avec Klaremberg.

Quel est donc cet homme qui vient de s'enfuir à
ma vue !

LISANKA.

Mon fiancé, monseigneur... un pauvre garçon...

KLAREMBERG.

Celui que nous avons vu dernièrement dans les
mines de Polowsk...

ZIZIANOW.

Oui... oui... je me rappelle maintenant... un gail-
lard qui fera bien de ne jamais rentrer en Russie, où
il est destiné à périr sous le knout...

LISANKA , vivement.

Pourquoi ?

ZIZIANOW.

Pour avoir laissé échapper de son cachot Constantin Nelidoff. .

KLAREMBERG.

A ce compte, je suis encore plus coupable que
lui... moi principale cause de l'évasion.

ZIZIANOW.

Vous n'en étiez que le complice, et puis vous n'êtes
pas né Moscovite... tandis que la princesse Polowska,
chef et auteur du complot...

KLAREMBERG.

Vous a joué... il faut en convenir, avec une grâce
parfaite !

ZIZIANOW.

C'est vrai !... mais je prendrai ma revanche...

KLAREMBERG.

Si vous pouvez !

ZIZIANOW.

C'est déjà fait !

KLAREMBERG.

Vous vous vantez ?

ZIZIANOW.

Ignorez-vous donc que la princesse est en ce moment en complète disgrâce... et lorsque nous l'avons
rencontrée dans son château de Polowsk, elle se diri-
geait vers la frontière pour échapper au courroux de
l'empereur qui lui en veut mortellement. Elle est
possédée, à ce qu'il paraît, de la manie de l'évasion...

KLAREMBERG.

Manie de rendre service... manie comme une autre... plus rare, voilà la seule différence. Et quel prisonnier, quel malheureux a-t-elle fait encore échapper ?

ZIZIANOW.

Ah ! vous ne saviez pas !... La princesse avait une
cousine, une amie d'enfance, la petite comtesse Dolgorouki, que notre auguste empereur trouvait charmante... il lui faisait cet honneur ; et un jour, qu'il
avait hasardé, à ce qu'il paraît, une déclaration par
trop... moscovite, la petite comtesse avait eu l'incon-
venance d'y répondre par un soufflet sur la joue
impériale... crime de lèse-majesté, qui la conduisait
en Sibérie, pour le moins, sans l'audace de la princesse Polowska.

LISANKA.

Ma marraine.

ZIZIANOW.

Qui a fait évader sa jeune cousine aux yeux de
tous !

KLAREMBERG.

Comment ?

ZIZIANOW.

C'est ce qu'on ignore !... Mais c'est contre elle maintenant que l'empereur est furieux !

KLAREMBERG.

Je le crois, et c'est pour laisser à l'orage le temps de se dissiper que la princesse voyage à l'étranger, et va arriver ce matin à Carlsbad ! (A Lisanka.) N'est-ce pas ?

LISANKA.

Oui, monsieur.

ZIZIANOW, souriant.

Vous croyez ?

KLAREMBERG.

Je l'attends !

LISANKA.

Nous l'attendons !

ROSKAW, qui est entré pendant ces derniers mots, dit à demi-voix à Lisanka :

Le pavillon est prêt (Lisanka fait un pas pour sortir).

ZIZIANOW, à Klaremberg.

Vous pourriez l'attendre longtemps.

KLAREMBERG.

Pourquoi ?

ZIZIANOW, de même.

A cause des obstacles qu'elle pourra rencontrer sur sa route...

LISANKA, revenant.

Des obstacles, elle n'en connaît pas !

KLAREMBERG.

La petite a raison !... car, entre nous, je soupçonne la princesse... d'être tant soit peu magicienne...

ROSKAW, à part.

C'est vrai !

ZIZIANOW.

Soit ! Mais, toute sorcière qu'elle est, elle n'a pas prévu que le czar mon maître et l'empereur d'Autriche s'étaient engagés, par un traité secret, à l'extradition mutuelle des coupables, pour crime d'État...

LISANKA, KLAREMBERG.

O ciel !

ZIZIANOW.

Arrivé hier matin aux eaux de Carlsbad, où je savais trouver l'archiduc vice-roi, j'ai réclamé de lui, au nom du czar, l'exécution du traité. Il a immédiatement donné des ordres, et il vient de m'apprendre à l'instant même... (à Klaremberg) d'abord, qu'il vous attendait dans son cabinet.

KLAREMBERG.

Je m'y rends !

ZIZIANOW.

Et puis, que la princesse Polowska, arrêtée hier soir, avec tous les égards possibles, est, à l'heure qu'il est, renfermée à Pilsen, pour être reconduite en Russie à ma première demande.

LISANKA.

Ah ! ma pauvre marraine !

ROSKAW, à part.

Une si brave femme, après tout !

KLAREMBERG, à Zizianow.

Vous en êtes sûr ?

ZIZIANOW.

Je viens de lire, de mes yeux, le rapport du commandant de Pilsen !

SCÈNE V.

ROSKAW, à gauche et un peu en arrière, KLAREMBERG, LA PRINCESSE entrant par le fond et paraissant, ZIZIANOW, LISANKA, étonnement général.

QUINTETTE.

LISANKA, KLAREMBERG, ZIZIANOW.

O surprise ! ô merveille !
Je ne sais si je veille ;
Aventure pareille
Etonne ma raison !
Est-ce par son génie ?
Est-ce par la magie
Qu'elle est soudain sortie
Des murs de sa prison ?

ROSKAW.

O surprise ! ô merveille !
Je ne sais si je veille ;
Aventure pareille
Renverse ma raison !
Oui, c'est par la magie
Par la sorcellerie
Qu'elle est soudain sortie
Des murs de sa prison ?

LA PRINCESSE, à part.

Ah ! tout marche à merveille !
Sur moi l'amitié veille,
Et sa voix me conseille
Contre la trahison !
Doux charme de la vie,
Espérance chérie.
A toi, je me confie
Bien plus qu'à ma raison !

ENSEMBLE.

LA PRINCESSE, s'avançant vers eux et tendant la main à Klaremberg.

A Klaremberg.

Sur vous, avec raison, j'avais compté.

ZIZIANOW, à Klaremberg.

Comment ?

L'on vous avait donné rendez-vous ?

LA PRINCESSE.

Oui vraiment !

Monsieur n'est pas le seul !... au fond de la Hongrie J'avais envoyé l'ordre à quelqu'un d'accourir !

ZIZIANOW.

Eh ! qui donc ?

LA PRINCESSE.

Constantin Nelidoff ! qui, d'avance
J'en suis sûre...

ZIZIANOW, souriant avec ironie.

Vraiment !...

LA PRINCESSE.

Saura bien m'obéir
A l'heure dite... et malgré la distance !

ZIZIANOW.

Et pourquoi ?

LA PRINCESSE.

Telles sont, Monsieur, mes volontés,
Et l'on ne connaît pas toutes mes qualités !

Non seulement je suis bossue,
Je suis bossue,
Chacun le voit !
De plus encor, je suis têtue,
Je suis têtue
Plus qu'on ne croit !
Les belles ont droit au caprice,
J'en ai pourtant, et de nombreux,
Et j'entends que l'on m'obéisse
Quand je le veux !
Quand je le veux !

SCÈNE VI.

LES PRÉCÉDENTS, CONSTANTIN, paraissant.

TOUS.

O ciel !

LA PRINCESSE, se tournant vers Constantin d'un air
gracieux.

Très bien, monsieur, l'exactitude
Des jeunes gens est le premier devoir !

CONSTANTIN, s'inclinant.

Vous obéir en tout est ma première étude !

LA PRINCESSE, à Zizianow d'un air railleur et lui montrant Constantin.

Eh bien, que dites-vous, prince, de mon pouvoir ?

LA PRINCESSE.

Non seulement je suis bossue,
Je suis bossue,
Chacun le voit !
De plus encor je suis têtue,
Je suis têtue,
Plus qu'on ne croit !
Les belles ont droit au caprice,
J'en ai pourtant et de nombreux,

ENSEMBLE.

Et j'entends que l'on m'obéisse,
Qu'on m'obéisse,
Quand je le veux !
Quand je le veux !

ZIZIANOW.

Non seulement elle est bossue,
Elle est bossue,
Chacun le voit !
De plus encor elle est têtue,
Elle est têtue
Plus qu'on ne croit !
Mais il faut que cela finisse,
Et dans ces lieux,
Qu'elle cède et qu'elle fléchisse,
Car je le veux.

CONSTANTIN, à part et regardant la princesse.

Ah ! combien mon âme est émue,
Qu'elle est émue
Quand je la vois !
Sur moi soudain sa seule vue,
Sa seule vue,
Reprend ses droits !
Il faut bien que l'on obéisse
A ses beaux yeux,
Suivre ses lois et son caprice
Sont mes seuls vœux.

LISANKA, KLAREMBERG et ROSKAW.

Non seulement elle est bossue,
Elle est bossue,
Comme on le voit !
De plus encor elle est têtue,
Elle est têtue,
Plus qu'on ne croit !
Les belles ont droit au caprice !
Donc en ces lieux,
Il est juste qu'on obéisse
A tous ses vœux.

ENSEMBLE.

Klaremberg sort avec Zizianow par le fond, Roskaw sur
un signe de la princesse, sort par la gauche avec
Lisanka.

SCÈNE VII.

CONSTANTIN, LA PRINCESSE.

CONSTANTIN.

Parlez, madame, pourquoi cet ordre de me rendre
ici aujourd'hui, à Carlsbad ?

LA PRINCESSE, souriant.

Eh mais... pour causer de vos affaires !... (Gest.

3

d'étonnement de Constantin.) Croyez - vous donc, monsieur, que j'abandonne ainsi mes protégés? Vous avoir délivré des mines de Polowsk ou des conseils de guerre moscowites, c'est moins que rien!

CONSTANTIN.

Vous trouvez?

LA PRINCESSE.

Cela ne vous donne ni une position ni un avenir! Que comptez-vous faire?

CONSTANTIN.

Ne pouvant plus servir en Russie... m'engager dans quelque régiment étranger et m'y faire tuer!

LA PRINCESSE.

J'ai mieux que cela à vous proposer : un établissement, un mariage honorable!

CONSTANTIN.

A moi!...

LA PRINCESSE.

Une jeune fille de bonne maison... qui me doit tout! Daria Dolgorouki, ma proche parente et mon amie intime!

CONSTANTIN.

Banni de mon pays, et jusqu'à ce que j'aie recouvré l'honneur de mon père, déshonoré moi-même, je ne puis allier mon sort à celui de personne!

LA PRINCESSE.

Et si ma protégée, à qui j'ai fait votre éloge, ne s'arrêtait point à de pareilles considérations et vous acceptait sur parole?

CONSTANTIN.

Grâce, princesse, ne vous raillez pas de moi.

LA PRINCESSE.

Qui songe à railler? Celle que je vous propose est riche, jeune et bien faite. (Avec un soupir.) C'est quelque chose!

RÉCITATIF.

CONSTANTIN, s'inclinant.

Pardonnez-moi... mais je refuse!...

LA PRINCESSE.

Sans la connaître et sans la voir!... pourquoi?

CONSTANTIN, après un moment d'hésitation.

J'en aime une autre!

LA PRINCESSE, souriant.

Allons! mauvaise excuse!

Une défaite!

CONSTANTIN.

Non!

LA PRINCESSE.

Alors confiez-moi

Quelle est cette personne?...

Voyant que Constantin garde le silence.

Eh oui, nommez-la-moi

DUO.

Ne suis-je pas une sœur, une amie?

CONSTANTIN.

Non!... nul ne doit la connaître ici-bas!

LA PRINCESSE, riant.

Ah! c'est qu'alors elle n'existe pas!

CONSTANTIN, vivement.

Si! par bonheur!...

LA PRINCESSE, de même.

Eh bien, je vous défie

De la nommer?

CONSTANTIN.

M'en défier!

LA PRINCESSE, de même.

Eh oui!

Vous le voyez, je vous en fais défi!

CONSTANTIN.

M'en défier!... et si cet aveu même

Vous fâche contre moi?

LA PRINCESSE, de même.

Faites-en donc l'essai!

CONSTANTIN, hésitant.

Eh bien...

Avec chaleur.

Eh bien, celle que j'aime,

C'est vous!

LA PRINCESSE, froidement.

Ce n'est pas vrai!

CONSTANTIN, hors de lui.

Comment, ce n'est pas vrai!

LA PRINCESSE.

Eh! qui vous oblige
A de tels aveux!
Laissez là, vous dis-je,
Transports amoureux
Et galanterie
Et tendres discours!...
Je suis votre amie,
Même sans amours!

CONSTANTIN.

Eh! qui donc m'oblige
A de tels aveux!
Sinon le prestige
Créé par vos yeux!
Fatale magie
Qui dure toujours!
Amour de ma vie
Et mes seuls amours!

ENSEMBLE.

LA PRINCESSE, riant.

Je ne peux croire à l'impossible,
Je me connais trop bien, hélas !

CONSTANTIN, avec chaleur.

Non, non, vous ne connaissez pas
L'attrait, le charme irrésistible,
Qui partout s'attache à vos pas !

LA PRINCESSE, de même.

Il en est pourtant de plus belles !

CONSTANTIN, de même.

Qu'on oublie à vous écouter !
Et ce que j'éprouve auprès d'elles
C'est de penser à vous et de vous regretter !

LA PRINCESSE.

Qui donc vous oblige
A de tels aveux ?
Laissez là, vous dis-je,
Transports amoureux !
Et galanterie,
Et tendres discours !
Je suis votre amie
Même sans amours !

CONSTANTIN.

Eh ! qui donc m'oblige
A de tels aveux ?
Sinon le prestige
Créé par vos yeux !
Fatale magie
Qui dure toujours !
Amour de ma vie
Et mes seuls amours !

CONSTANTIN, avec chaleur.

Quoi ! vous ne croyez pas à vous, à vos mérites ?
A mon amour ?

LA PRINCESSE.

Ah ! je désirerais
Y croire... car tout ce que vous me dites
J'en conviens, me fait plaisir !
Secouant la tête.
Mais...

CONSTANTIN.

Quel témoignage ? quelle preuve
Vous faut-il donc ?

LA PRINCESSE.

Des preuves ?... j'en voudrais
Une seule !... très simple et qui n'est pas bien neuve !
Mais si je vous la dis... ces feux exagérés
S'apaiseront bien vite... et vous refuserez !

CONSTANTIN, vivement.

Cette preuve... parlez !... achevez, je vous prie !

LA PRINCESSE.

C'est de m'épouser !

CONSTANTIN, poussant un cri de joie.

Moi !...
Prêt à se jeter à ses pieds.
Quel bonheur !
Il s'arrête et s'écrie avec désespoir.
Non... non... non...
Je ne le puis ! et vous aviez raison !
Vous, grande dame, et moi sans fortune et sans nom...
Ils croiraient tous... ô nouvelle infamie !
Ils me l'ont dit, du moins, et le diraient encor
Que je ne vous épouse, ici, que pour votre or !

CONSTANTIN, hors de lui.

Oui, le ciel en fureur
S'oppose à mon bonheur !
C'est moi-même, ô destin !
Qui refuse sa main !
Le devoir et l'honneur
Hélas ! brisent mon cœur ;
Le sort qui me poursuit
M'a proscrit et maudit !

LA PRINCESSE.

Voilà donc cette ardeur
Qui brûlait votre cœur !
Quand je vous offre en vain
Ma fortune et ma main !
Pourquoi, plein de fureur,
Maudire le bonheur
Qui brille, vous sourit
Et pour jamais s'enfuit !

LA PRINCESSE.

Je l'avais bien prédit ! j'étais sûre, en moi-même,
Que vous refuseriez...

CONSTANTIN, éperdu.

Parce que je vous aime !

CONSTANTIN.

Oui, le ciel en fureur
S'oppose à mon bonheur !
C'est moi-même, ô destin !
Qui refuse sa main !
Le devoir et l'honneur
Hélas ! brisent mon cœur ;
Le sort qui me poursuit
M'a proscrit et maudit !

LA PRINCESSE.

Voilà donc cette ardeur
Qui brûlait votre cœur !
Quand je vous offre en vain
Ma fortune et ma main !
Pourquoi, plein de fureur,
Maudire le bonheur
Qui brille, vous sourit
Et pour jamais s'enfuit !

ENSEMBLE.

SCÈNE VIII.

KLAREMBERG, LA PRINCESSE, CONSTANTIN.

KLAREMBERG.

Ah ! princesse, partez, partez vite !

LA PRINCESSE.

Quel air effrayé !

KLAREMBERG.

Ce n'est pas sans raison... J'étais chez l'archiduc vice-roi lorsque sa porte, qu'il avait fait défendre, s'ouvre tout-à-coup, et entre un courrier russe, tout habillé de noir.

LA PRINCESSE.

Qu'est-ce que cela veut dire ?

KLAREMBERG.

Il arrivait de Saint-Pétersbourg, porteur de dépêches pour le vice-roi de Bohème, dépêches terribles, si j'en crois l'effet qu'elles ont produit sur l'archiduc, que j'ai vu soudain pâlir et essuyer plusieurs fois la sueur, qui coulait de son front. Il est resté un instant, la tête cachée dans ses mains, oubliant que j'étais là, puis il a écrit un mot qu'il a donné au courrier, en lui disant : Courez à Pilsen, voici l'ordre de remettre en vos mains la princesse Polowska !

CONSTANTIN, étonné.

Comment ? la princesse... qui est ici ?

KLAREMBERG.

Silence !... (Continuant à voix basse.) J'ai bien vu par là... (s'adressant à la princesse) qu'il ignorait encore votre évasion de Pilsen et votre arrivée à Carlsbad... Mais il ne peut tarder à l'apprendre, ne fût-ce que par le prince Zizianow, qui entrait dans son cabinet au moment où j'en sortais. Ainsi vous n'avez pas une minute à perdre... partez, partez à l'instant même !...

CONSTANTIN.

Qu'est-ce que cela signifie ?...

KLAREMBERG.

Qu'elle est comme vous proscrite, poursuivie par le courroux de l'empereur, qui, non content de confisquer ses biens, veut la faire arrêter ici même, en Allemagne, pour l'envoyer en Sibérie !

CONSTANTIN, tombant aux pieds de la princesse.

Ah ! j'accepte maintenant votre main !

KLAREMBERG, étonné.

Que dit-il ?

LA PRINCESSE, à Constantin.

Bien ! bien ! mais à mon tour, à présent, à avoir des caprices... et tant que je ne vous aurai pas fait rendre votre fortune et l'honneur de votre père...

KLAREMBERG.

On vient... partez !... (voyant entrer Zizianow) Non !... il n'est plus temps !

SCÈNE IX.

LES PRÉCÉDENTS, ZIZIANOW.

ZIZIANOW, à la princesse, qu'il salue.

L'archiduc, vice-roi, qui vient d'apprendre, par moi, madame, votre arrivée à Carlsbad... arrivée qu'il ne peut s'expliquer, désire vivement vous voir !

CONSTANTIN, à la princesse.

Vous n'irez pas !

KLAREMBERG, de même.

Vous n'irez pas ! ou vous êtes perdue !

ZIZIANOW.

J'espère que non... et si madame daigne, auparavant, m'accorder quelques instants d'entretien...

CONSTANTIN, à Zizianow.

J'allais vous adresser la même demande, à vous monsieur !

ZIZIANOW.

Soit, monsieur... mais vous comprendrez que je dois d'abord la préférence à la princesse !

Sur un geste de la Princesse, Klaremberg et Constantin se retirent.

SCÈNE X.

ZIZIANOW, LA PRINCESSE.

ZIZIANOW, après un moment de silence.

J'irai droit au fait, madame... La situation des choses est telle en ce moment, qu'entre nous, désormais, il n'y a plus que deux partis possibles... ou une guerre à mort... ou une étroite alliance !

LA PRINCESSE, souriant.

Vous êtes pour les moyens extrêmes... et en voilà qui me semblent bien effrayants !

ZIZIANOW.

Le premier ?...

LA PRINCESSE, souriant.

Non ! l'autre. Car, en fait d'alliances, il faut des garanties... Lesquelles me donnerez-vous ?

ZIZIANOW.

J'ai là, sur moi, un papier retrouvé par hasard, lequel servirait à réhabiliter la mémoire du feu comte de Nelidoff...

LA PRINCESSE, vivement.

Vraiment...

ZIZIANOW, l'observant avec attention.

Lequel permettrait à son jeune fils ici présent (et que vous protégez beaucoup) de reprendre à la cour de Russie un rang que, sans cela, nul pouvoir, nulle faveur ne pourrait lui rendre.

LA PRINCESSE.

Et vous remettriez ce titre précieux à ce jeune homme ?

ZIZIANOW, après un instant de silence.

Non !

LA PRINCESSE.

A moi ?

ZIZIANOW, de même.

Non, pas même à la princesse Polowska.

LA PRINCESSE.

A qui donc alors ?

ZIZIANOW.

A une seule personne... à la princesse Zizianow, ma femme... Voulez-vous l'être ?

LA PRINCESSE fait un mouvement de surprise, puis se contient et répond froidement :

Malgré l'indifférence que l'on vous témoigne ?

ZIZIANOW.

Pourquoi pas !... c'est original... cela me changera.

LA PRINCESSE.

Malgré votre haine pour moi ?...

ZIZIANOW.

Les mariages d'inclination ne réussissent jamais !

LA PRINCESSE.

Malgré l'intérêt que je suis censée porter à ce jeune homme ?...

ZIZIANOW.

Il ne s'agit pas ici de romans, princesse, mais d'affaires sérieuses...

LA PRINCESSE.

Ce qui veut dire qu'il est arrivé dans ma position ou dans la vôtre des changements que je ne puis deviner, mais qui rendent pour vous cette union nécessaire...

ZIZIANOW froidement,

Votre réponse ?

LA PRINCESSE,

Vous l'aurez ce soir.

ZIZIAVOW.

Non... à l'instant même... avant de me quitter... sinon le papier que j'ai là sera par moi déchiré, devant vous, et aucune puissance au monde ne pourra en réunir les morceaux... (A la princesse qui garde le silence.) Votre réponse ?

LA PRINCESSE, après avoir hésité.

J'accepte... mais ce papier... vous allez à l'instant même... me le remettre...

ZIZIANOW, tirant de sa poche un papier qu'il lui présente.

Dès que vous aurez signé celui-ci.

LA PRINCESSE, le parcourant.

Une promesse authentique et formelle de mariage.. et toute ma fortune pour dédit.

ZIZIANOW.

Vous prenez vos sûretés... je prends les miennes..

LA PRINCESSE..

C'est juste !.. Soit ! (Elle va à la table et signe.) Tenez prince... mais avant tout...

ZIZIANOW.

C'est juste ! (Lui remettant le papier.) Confiance légitime...

LA PRINCESSE, lui remettant sa promesse de mariage.

Et réciproque...

ZIZIANOW, la saluant.

Le vice-roi vous attend chez lui, princesse !...

LA PRINCESSE.

J'y vais...

Elle sort par le fond, et Zizianow s'apprête à sortir par la droite.

SCÈNE XI.

ZIZIANOW, CONSTANTIN.

CONSTANTIN à Zizianow qui le salue et s'apprête à sortir.

Et mon audience, mon prince ?

ZIZIANOW.

Ah ! c'est vous, mon ancien prisonnier !

CONSTANTIN.

Je suis libre, et grâce au ciel ! nous ne sommes plus en Russie, où vos lois me défendaient de demander raison à mon colonel. Privé de mon grade, exilé de mon pays...

ZIZIANOW.

Abrégeons... c'est un combat que vous venez me proposer... proposition qui me comble de joie... car vous vous rappelez nos conditions, et votre défi me prouve que vous venez me payer. Jamais somme ne sera arrivée plus à propos, car nous avons ce soir un bal masqué... ce qui permet dans tous les salons un jeu effréné... Moi je ne me cache pas, je joue à visage découvert... je compte ce soir tenter les grands coups, et sur trois cartes, dont j'ai bonne idée, risquer toute ma fortune, y compris les trois cent mille roubles que vous m'apportez !

CONSTANTIN.

Tout ce que possédait mon père a été confisqué, vous le savez... mais il me revenait en Hongrie, du côté de ma mère, des biens que je viens de vendre... (Lui présentant un portefeuille.) Voici cent mille roubles... Pour le reste, monsieur, je vous demanderai un peu plus de temps.

ZIZIANOW.

Tout le temps que vous voudrez, monsieur, à votre aise... (Refusant le portefeuille.) Mais gardez, je vous prie... je recevrai tout à la fois... (Froidement.) Je ne me bats qu'à cette condition !

CONSTANTIN.

Quoi, monsieur, il ne vous suffit pas d'un pareil à-compte ?

ZIZIANOW.

Je ne veux pas me faire tuer ou vous tuer par à-compte, mais complétement... il me faut donc la totalité...

CONSTANTIN.

Ah ! ce refus cache votre crainte !

ZIZIANOW.

Ou plutôt la vôtre... car il vous est si facile de vous procurer la somme nécessaire... ici surtout...

CONSTANTIN.

Que voulez-vous dire ?

ZIZIANOW.

Que sur une carte ou deux, vous pouvez, au *pharaon* ou à la *mirandole*, compléter en un instant les deux cent mille roubles qui vous manquent.

CONSTANTIN.

Monsieur... je n'entends rien à de pareils jeux...

ZIZIANOW.

Pariez alors contre moi... rien n'est plus simple... cent, deux cent mille roubles... à vos ordres... je tiens tout !

CONSTANTIN, avec colère.

Monsieur, jamais je ne m'acquitterai ainsi...

ZIZIANOW.

C'est que vous ne voulez pas vous battre...

CONSTANTIN, avec fierté.

Je ne m'acquitterai jamais ainsi, pour la mémoire et pour l'honneur de mon père...

ZIZIANOW, riant.

Père et mère honoreras, afin...

CONSTANTIN, voulant s'élancer sur lui pour le frapper.

Ah ! c'en est trop !... et à l'instant même, à l'instant, monsieur, il faut...

ZIZIANOW, riant.

Permettez... vous avez vos obligations, j'ai les miennes... je vais me marier.

CONSTANTIN.

Vous !

ZIZIANOW.

Notre empereur Pierre III n'est plus,... nous venons

d'en recevoir la nouvelle... Sa femme lui succède, et la première dame d'honneur favorite de l'impératrice Catherine, la princesse Polowska, par un excès de bonté que je ne mérite pas, consent à partager avec moi sa nouvelle faveur, en m'accordant sa main.

CONSTANTIN, d'un air incrédule.

A vous... monsieur ?

ZIZIANOW.

A moi-même ! Et si vous m'accusez de fatuité... vous en croirez peut-être vos yeux et cette promesse signée de sa main...

CONSTANTIN, avec fureur.

O ciel ! elle qui tout à l'heure encore... Ah !... monsieur... je me battrai... c'est-à-dire... je jouerai... je parierai... et tout ce qu'il faudra pour me battre...

ZIZIANOW, riant.

Allons donc... c'est la seule manière... je vous l'ai dit... Entendez-vous... l'orchestre retentit... ce sont les salons qui s'ouvrent pour le bal et pour le jeu, et dans l'espoir de m'y mesurer avec vous... je vais vous attendre, monsieur... au champ d'honneur...

CONSTANTIN.

Je vous y rejoindrai bientôt.

ZIZIANOW.

A bientôt.

Ils sortent chacun d'un côté opposé. Le décor change. Pendant la scène précédente on a toujours entendu un air de danse dans le lointain.

SCÈNE XII.

Le théâtre change et représente le grand salon de jeu à Carlsbad. Un bruit de danses et de fanfares se fait entendre dans les salles voisines. Au milieu du théâtre, une grande table ovale, couverte d'un tapis vert, autour de laquelle des joueurs et des joueuses sont assis. D'autres sont debout derrière eux : les uns à visage découvert, pâles et livides, d'autres couverts de masques. Des hommes et des femmes, portant des costumes de caractère, vont et viennent d'une salle à l'autre. Au milieu de la table, et faisant face au spectateur, le banquier, sur un siège plus élevé, taillant les cartes ; puis avec son rateau, amenant à lui l'argent des joueurs quand il a gagné, ou distribuant des poignées d'or quand il a perdu.

FINAL.

CHŒUR des joueurs qui gagnent.

Plaisirs des cieux ! joyeux délire
Dont je ressens le doux transport !
C'est par toi seul que je respire ;
Jouons galment, jouons encor !

CHŒUR des joueurs qui perdent.

Tourments d'enfer ! fatal délire !
Ivresse qui donne la mort,
C'est par toi seule qu'on respire !
Jouons toujours ! jouons encor !
Jouons, jouons jusqu'à la mort !

ENSEMBLE.

ROSKAW, entrant d'un air rêveur.

Je voulais fuir... Tout me ramène ici !
Et malgré moi...

Regardant les tables de jeu.

Que d'or ! ah ! j'en suis ébloui !

ZIZIANOW, à haute voix

D'être beau joueur je me pique !
Trois cent mille ducats sur ces trois cartes-là :
Le *trois*, le *dix* et la *dame de pique* !

ROSKAW, à part, poussant un cri de surprise.

Mes trois cartes, ô ciel !... Qui donc les lui donna ?
Comment les connaît-il ?.

Regardant le prince qui vient d'ôter ses gants pour prendre ses cartes.

O nouvelle surprise !
Cette bague !... la mienne !... Oui, celle qu'on m'a
[prise !
Par elle il va gagner des roubles par millier !

Avec colère.

Quelle horreur !

Avec envie et après un instant de silence.

Si pour lui je pouvais parier !...

Fouillant dans ses poches.

Mais rien !... pas un denier !

LE BANQUIER, de sa voix lente et grave.

Les jeux sont faits, messieurs, rien ne va plus !

TOUS.

Taisons-nous ! écoutons !... Que mes sens sont émus !

Tous, même ceux qui ne jouent pas, entourent la table et sont groupés autour d'elle. Le banquier a pris un jeu de cartes qu'il a fait couper ; il tire et jette alternativement sur le rapis une carte à sa droite et une carte à sa gauche. Tous les yeux sont fixés sur lui, chacun attendant et écoutant les cartes qu'il annonce, et trahissant l'émotion qu'il éprouve par des cris de joie ou des imprécations.

LE BANQUIER, d'une voix monotone.

Le cinq de carreau gagne !

PLUSIEURS JOUEURS, avec joie et demandant de l'argent.

A nous ! de ce côté...

LE BANQUIER leur jette une poignée d'or et continue.

Le six de trèfle perd !

D'AUTRES JOUEURS, avec colère.

Quelle fatalité !

LE BANQUIER ramasse l'argent avec son rateau et continue.

Le valet de cœur gagne !

PLUSIEURS JOUEURS.

Ah ! je le disais bien !

LE BANQUIER.

Le neuf de carreau perd !

D'AUTRES JOUEURS.

Quel malheur est le mien.

LE BANQUIER.

Le trois de pique gagne !

ZIZIANOW et ROSKAW, chacun à part et poussant l'un un cri de joie, l'autre un cri de rage.

Ah ! j'en étais certain !

CHOEUR.

Plaisir des dieux, joyeux délire,
Dont je ressens le doux transport !
Etc.,

ZIZIANOW.

O talisman fidèle !
Ton pouvoir est donc vrai ?
Ta puissance est réelle,
Car j'en ai fait l'essai !

ROSKAW.

Talisman infidèle,
Objet de mes regrets !
Cette somme si belle,
C'est moi qui la gagnais !

CHOEUR.

O fortune infidèle,
O toi que j'invoquais !
Une faveur si belle
Eût comblé mes souhaits !

ENSEMBLE.

ZIZIANOW, s'adressant au banquier et l'empêchant de continuer.

Avant tout, payez-moi mes cent mille ducats.

A part.

En attendant la suite.

Pendant que le banquier est occupé à payer Zizianow, entre, par une des portes de la droite, Constantin avec agitation.

CONSTANTIN, à lui-même.

Que m'importent mes jours, puisqu'elle m'est ravie !

ROSKAW, debout à gauche près du fauteuil où Constantin est assis.

(A part.) Et ne pouvoir jouer ! (Haut.) Je donnerais ma
[vie
Pour quelques pièces d'or, objet de tous mes vœux !

CONSTANTIN, levant la tête et à part.

Ah ! qu'avant de mourir, je fasse un seul heureux !

Donnant sa bourse à Roskaw.

Tiens donc....

ROSKAW, à gauche, ouvrant la bourse et comptant aussi.

De l'or ! grand dieu ! de l'or !

Constantin traverse le théâtre et s'approche de Zizianow qui est à droite près de la table.

CONSTANTIN, à voix basse, à Zizianow.

J'aurai vos jours, monsieur ! ou vous... les miens !

ZIZIANOW, de même.

D'accord !

Vous savez à quel prix je me bats !

CONSTANTIN, de même.

Peu m'importe !

Avec rage.

Je joûrai !... je joûrai !... contre vous. . et toujours !

ZIZIANOW.

Très bien !

Lui montrant son jeu :

J'ai pris le dix et la dame de pique ..

Sur ces deux cartes-là, pour les deux derniers tours,

J'ai mis, vous le voyez, un enjeu magnifique !...

Pour elles, je parie !

CONSTANTIN.

Et moi contre !

ZIZIANOW.

Combien ?

CONSTANTIN.

Cent mille roubles!... tout mon bien !

ZIZIANOW.

Cent mille roubles... je les tien !

ROSKAW, qui s'est approché de la table pour y mettre son or, et qui a entendu leur marche, dit vivement a Constantin.

Une somme pareille !... ô ciel ! que faites-vous ?

Apprenez qu'il possède un sort cabalistique !

CONSTANTIN, haussant les épaules.

Allons donc !

ROSKAW.

Qui le fait gagner à tous les coups !

CONSTANTIN, de même.

Allons donc ! allons donc !

ROSKAW.

C'est immanquable... car

Il a déjà gagné le premier !

CONSTANTIN, de même.

Par hasard !

LE BANQUIER.

Messieurs, faites vos jeux !

ROSKAW.

A Constantin.   Voici qu'on recommence !

Vous êtes prévenu... Pour moi, sûr de la chance,

Je crois au dix de *pique*, et l'abîme est ouvert

Sous vos pas !,..

CONSTANTIN.

O folie !

ROSKAW.

Eh non ! c'est authentique !

Le dix et la dame de pique

Doivent gagner toujours !

LE BANQUIER, lentement et tirant les cartes.

Le dix de pique perd !

TOUS, poussant un cri.

O ciel !

LE BANQUIER, à Zizianow.

A moi votre or ?...

CONSTANTIN, s'approchant de Zizianow.

J'ai gagné ! j'ai gagné !

ROSKAW, anéanti.

Je n'y puis croire encor !

CONSTANTIN.

La fortune, longtemps fatale,

Se lasse enfin de me trahir !

Courage ! la chance est égale,

Je veux mourir ou réussir !

ZIZIANOW.

Puissance terrible, infernale,

Qui devait toujours me servir !

De cette trahison fatale

Je ne puis encor revenir !

ROSKAW.

Puissance terrible, infernale !

Qui ne devrait jamais trahir,

Quelle circonstance fatale

T'empêche donc de réussir ?

CHŒUR.

La fortune, pour lui fatale,

Commence enfin à le trahir.

Courage ! la chance est égale,

Contre lui l'on peut réussir !

ROSKAW, qui s'est approché de Zizianow, regarde la bague qu'il a à la main, et lui dit vivement à voix basse et avec reproche.

Et le chaton qui n'est pas retourné ?

ZIZIANOW, regardant sa bague.

C'est vrai !

ROSKAW, de même.

Voilà pourquoi nous n'avons pas gagné !

ZIZIANOW, à part.

Eh ! de qui vient un tel langage ?

Se retournant.

Roskaw !!..

ROSKAW, de même.

Qui de la bague eût fait meilleur usage...

ZIZIANOW, lui fermant vivement la bouche.

Malheureux !.. tais-toi ! tais-toi !

Tiens !

Tiens ! voici de l'or !

ROSKAW.

Pour moi !

A part avec joie.

De l'or pour moi !.. De l'or !

ZIZIANOW, bas à Constantin.

Ma défaite.

Ne rend pas la somme complete !
Et ma revanche...

CONSTANTIN.

Soit !

ZIZIANOW.

Cent mille roubles !

CONSTANTIN.

Soit !

LISANKA, qui est entrée quelques instants auparavant,
court à Constantin qu'elle aperçoit.

Grand Dieu, que faites-vous ?

CONSTANTIN.

Dieu m'entend et me voit !

LISANKA, à Roskaw.

Et toi, tout cet argent ?..

ROSKAW.

Je le risque à bon droit.

Le succès est certain !

ZIZIANOW.

O talisman fidèle
Ton pouvoir est donc vrai ?
Ta puissance est réelle
Car j'en ai fait l'essai !
Ta magique opulence,
O démon tentateur
Fait naître l'espérance
Et la joie en mon cœur !

ROSKAW.

O talisman fidèle
Objet de mes regrets,
Par ta vertu nouvelle
Comble tous mes souhaits !
Pour nous revient la chance
Et ton pouvoir vainqueur,
Amène l'espérance
Et la joie en mon cœur !

CHŒUR.

O fortune infidèle
O toi que j'implorais !
D'une faveur nouvelle
Viens combler mes souhaits !
Pour nous tourne la chance ;
Sa perte et son malheur
Ramènent l'espérance
Et la joie en mon cœur !

CONSTANTIN.

O sort longtemps rebelle
Que longtemps j'implorais !
D'une faveur nouvelle
Viens combler mes souhaits !
Pour moi tourne la chance ;
Cet éclair de bonheur
Ramène l'espérance
Et la joie en mon cœur !

ENSEMBLE.

ROSKAW, à Lisanka.

Viens ! partage avec moi l'espoir qui m'est offert !
Oui la fortune ingrate, à qui, pour toi, j'aspire,
Va donc pour cette fois à la fin me sourire !

LE BANQUIER, d'une voix lente.

La dame de pique perd !

ROSKAW.

Ah ! ce n'est pas possible
Par le ciel et l'enfer
Il perd ! il perd ! il perd !
Et ce coup si terrible
Nous vient de Lucifer !

ZIZIANOW.

Ah ! ce n'est pas possible
Par le ciel, les enfers
Je perds... je perds... je perds !
Coup fatal et terrible
Tu me viens des enfers !

CHŒUR.

Ah ! ce n'est pas possible...
Par le ciel et l'enfer
Il perd... il perd... il perd !
Et ce coup si terrible
Lui vient de Lucifer !

DERNIER ENSEMBLE.

Après ce dernier ensemble, qui termine le morceau,
Constantin s'approche de Zizianow.

CONSTANTIN, bas à Zizianow et lui remettant son
portefeuille.

Tout l'or que vous devait mon père
Le voici !.. maintenant marchons !

ZIZIANOW, avec colère.

Ah ! de grand cœur !
Que sur quelqu'un au moins retombe ma fureur !

REPRISE DE L'ENSEMBLE.

Ils vont pour sortir. Une musique infernale et sombre
se fait entendre dans l'orchestre, et par la porte du
fond, au milieu, paraît une femme masquée, habillée
comme la dame de pique.

SCÈNE XIII.

LES PRÉCÉDENTS, LA DAME DE PIQUE, se plaçant
entre Constantin et Zizianow.

LA DAME DE PIQUE.

Arrêtez !

TOUS, la regardant avec étonnement,

Dieu ! que vois-je ?

ZIZIANOW.

En enfer et sur terre !

Toujours elle !

LA DAME DE PIQUE, d'un ton grave.

Pour toi je reviens du tombeau !

ZIZIANOW, étendant la main vers elle.

Qui que tu sois, que veux-tu ?

LA DAME DE PIQUE.

Mon anneau !

(Elle le lui arrache.)

Zizianow reste anéanti. Plusieurs sons de trombone se font entendre, puis, pendant qu'il tressaille et qu'il porte, croyant devenir fou, ses deux mains à son front, l'orchestre s'apaise peu à peu, diminue, et continue très doucement en tremolo pendant la scène suivante.

LA DAME DE PIQUE.

Oui, je viens empêcher un combat inutile... (Remettant un papier à Constantin) et rendre à Constantin l'honneur de son père !

CONSTANTIN.

Est-il possible... cette voix !

ZIZIANOW.

Et cet écrit... c'est la princesse !

CONSTANTIN.

C'est elle !

LA DAME DE PIQUE.

Moi !... vous n'y pensez pas... regardez donc tous deux ! (Elle leur montre sa taille, qui est droite, et fait quelques pas vers eux sans boiter.)

ZIZIANOW.

C'est vrai !... qui donc es-tu ?

LA DAME DE PIQUE.

La dame de pique, qui vient annuler une certaine promesse de mariage !

ZIZIANOW, étonné.

Comment !

LA DAME DE PIQUE.

Qui, du reste, n'a jamais été signée par la princesse.

ZIZIANOW.

Et par qui donc ?

LA DAME DE PIQUE.

Par la dame de pique... par moi, qui avais pris le nom de la princesse, sa forme et ses traits !

ZIZIANOW.

Ah ! c'en est trop... (Voulant la démasquer.) Et je saurai...

La Dame de pique se réfugie près de Constantin.

SCÈNE XIV.

LES PRÉCÉDENTS, KLAREMBERG.

KLAREMBERG, à Zizianow.

Colonel ! colonel ! votre prisonnière qui arrive de Pilsen.

ZIZIANOW.

Qui donc ?

KLAREMBERG.

La princesse Polowska !

TOUS.

La princesse...

KLAREMBERG.

Je viens moi-même de lui donner la main pour descendre de voiture... et jugez de mon étonnement.. c'étaient toujours les mêmes charmes extérieurs... mais ce n'était pas notre princesse de ce matin... c'en était une autre !

CONSTANTIN, vivement.

Mais l'autre ?..

ZIZIANOW.

Quelle est-elle ?...

LA DAME DE PIQUE.

La dame de pique peut vous le dire... Pour dérober à la fureur du czar la petite comtesse Daria Dolgorouki, sa cousine... la princesse Polowska l'avait fait partir de Saint-Pétersbourg, bravement, en plein jour, la faisant passer pour elle ; lui donnant ses gens, sa voiture, ses habits... mais il fallait, en outre, que le signalement bien connu (montrant son épaule) fût conforme et complet... et alors...

ZIZIANOW.

Qu'entends-je !

TOUS, à la dame de pique.

Vous seriez ?...

LA DAME DE PIQUE, ôtant son masque.

Daria Dolgorouki !

CONSTANTIN.

O ciel !

DARIA.

Qui vous donne, à vous, cet anneau, celui des fiançailles !

CONSTANTIN, avec bonheur.

Ah ! je n'ai plus rien à désirer !

KLAREMBERG, à la princesse.

Je n'en dirai pas autant... et ces trois cartes gagnantes que m'a bien réellement données la princesse, d'où venaient-elles ?

LA PRINCESSE, à demi-voix, l'amenant au bord du théâtre.

A vous, qui êtes notre ami, je puis vous le dire... L'impératrice Élisabeth, qui était joueuse, n'aimait qu'à gagner. Pour en être plus sûre, sa majesté impériale ne dédaignait pas de tricher... et sa confidente, la princesse Polowska, en vous indiquant les trois cartes, sur lesquelles pontait l'impératrice, était sûre d'avance...

KLAREMBERG, à demi-voix.

Que je ne perdrais pas !

ROSKAW, à part, montrant Klaremberg.

Est-il heureux !... il possède le véritable secret !

CHŒUR FINAL. Reprise du précédent

Plaisir des dieux, joyeux délire,
Dont je ressens le doux transport !
Etc., etc.

FIN DU TROISIÈME ET DERNIER ACTE.

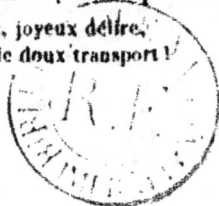

NOUVEAUTÉS

PUBLIÉES PAR

BRANDUS ET Cie,

ÉDITEURS DE MUSIQUE,

87, RUE RICHELIEU, ET RUE VIVIENNE, No 40.

LA

DAME DE PIQUE,

OPÉRA COMIQUE EN TROIS ACTES,

Paroles de M. EUGÈNE SCRIBE,

MUSIQUE DE

F. HALÉVY.

Catalogue des morceaux de chant détachés avec accompagnement de piano,

PAR A. DE GARAUDÉ.

PREMIER ACTE.

1. **Air** chanté par M. Bataille : « C'est un feu qui brûle sans cesse. »

2. **Air** chanté par M. Boulo : « Quand la blanche neige. »

2 *bis*. Le même, transposé une tierce plus bas.

3. **Légende** chantée par Mlle Meyer : « Soudain un démon apparut. »

3 *bis*. La même transposée pour contralto.

4. **Grand duo** chanté par MM. Boulo et Couderc : « Depuis trois mois je porte cet insigne. »

5. **Romance et air** chantés par Mme Ugalde : « Créneaux que je vois apparaître. »

6. **Romance** seule, extraite du no 5 : Créneaux que je vois apparaître. »

6 *bis*. La même transposée un ton plus bas.

DEUXIÈME ACTE.

7. **Romance** chantée par M. Boulo : « Ma sentence est prononcée. »

7 *bis*. La même, transposée une tierce plus bas.

8. **Couplets du jeu** chantés par M. Bataille : « Je n'ai qu'un plaisir et qu'un vœu. »

8 *bis*. Les mêmes, transposés une tierce plus haut.

9. **Couplets** chantés par Mlle Meyer : « Ces tristes retraites. »

9 *bis*. Les mêmes, transposés un ton plus bas.

10. **Récit et romance** chantés par Mme Ugalde : « Constantin, je l'ai dit, sortira de ces lieux. »

10 *bis*. **Romance** à 2 voix extraite du no 10, chantée par Mme Ugalde et M. Boulo : « Dans ces murs solitaires »

11. **Grand duo** chanté par Mme Ugalde et M. Bataille : « Allons donc, lâche, et que cette liqueur. »

TROISIÈME ACTE.

12. **Romance** chantée par M. Bataille : « Le trois, le dix et la dame de pique. »

12 *bis*. La même transposée, un ton plus haut.

13. **Quintette** : « O surprise ! ah ! tout marche. »

14. **Couplets** chantés par Mme Ugalde : « Non seulement je suis bossue. »

14 *bis*. Les mêmes, transposés un ton plus bas.

15. **Grand duo** chanté par Mme Ugalde et M. Boulo : « Ne suis-je pas une sœur, une amie. »

15 *bis*. **Romance** extraite du duo : « Eh qui vous oblige à de tels aveux. »

La Partition pour Piano et Chant. — La grande Partition et les Parties d'orchestre.

OUVERTURE ARRANGÉE POUR LE PIANO A DEUX ET QUATRE MAINS.

DEUX QUADRILLES PAR MUSARD.

GRANDE VALSE BRILLANTE par ETTLING.

Polkas, Mazurkas, Redowas, etc. — Arrangements et Morceaux pour tous les instruments.

L'ENFANT PRODIGUE,

OPÉRA EN CINQ ACTES,
PAROLES DE M. E. SCRIBE,
MUSIQUE DE
D. F. E. AUBER.

CATALOGUE DES MORCEAUX DE CHANT DÉTACHÉS AVEC ACCOMPAGNEMENT DE PIANO.
PAR HENRI POTIER.

CINQ AIRS DE BALLET ET DEUX MARCHES, ARRANGÉS POUR PIANO.

OUVERTURE arrangée pour piano à deux et quatre mains.
La Partition pour Piano et chant.
LA GRANDE PARTITION ET LES PARTIES D'ORCHESTRE.
Un Quadrille par Strauss. — Un Quadrille par Pilodo. — Grande Valse brillante par Ettling.
POLKA PAR ETTLING.
Deux Bagatelles pour le Piano, par A. Lecarpentier.
ARRANGEMENTS ET MORCEAUX POUR TOUS LES INSTRUMENTS.

PUBLICATIONS
DE L'ANNÉE 1850
DE
BRANDUS & Cie,

ÉDITEURS DE MUSIQUE,

SUCCESSEURS DE MAURICE SCHLESINGER ET DE E. TROUPENAS ET Cie,

PROPRIÉTAIRES DU FONDS DE MUSIQUE DU CONSERVATOIRE,

87, RUE DE RICHELIEU, et 40, RUE VIVIENNE,

A PARIS.

SUPPLÉMENT A LEUR CATALOGUE GÉNÉRAL.

MUSIQUE DRAMATIQUE.

Grandes Partitions et Parties d'orchestre.

Adam. *Giralda*. Opéra com. en 3 actes. *net.*	150	»
Parties d'orchestre. *net.*	150	»
Chaque partie suppl. *net.*	15	»

Ouvertures
A GRAND ORCHESTRE.

Giralda . . . . *net.*	10	»
La même en partition . . . . *net.*	10	»

Airs de ballet
A GRAND ORCHESTRE.

Les quatre airs de ballet du Prophète :		
N° 1. La valse . . . . . . }		
2. Redowa . . . . . . } *net.*	30	»
3. Quadr. des patineurs. }		
4. Galop . . . . }		

MUSIQUE VOCALE.

Partitions
POUR CHANT ET PIANO,
Format in-8°.

Adam. Giralda . . . . . . *net.*	15	»
Auber. La Muta di Portici, avec paroles italiennes . . . . *net.*	15	»
Donizetti. La Favorita, avec paroles italiennes . . . . *net.*	15	»
Halévy. La Fée aux roses. . . *net.*	15	»
Meyerbeer. Il Profeta, avec paroles italiennes . . . . *net.*	20	»
—— Roberto il Diavolo, avec paroles italiennes . . . . *net.*	20	»

Suite de la musique vocale.

Airs d'opéras
AVEC ACCOMPAGNEMENT DE PIANO.

GIRALDA.
(ADAM.)

1. *Couplets*. O mon habit, mon bel habit de mariage . . . . . T. *net.*	1	50
2. *Cavatine*. Rêve heureux. . . . S. *net.*	1	50
2 bis. La même, transposée . . . *net.*	1	50
3. *Duo*. Faut-il donc vous aider. T. S. *net*	4	»
4. *Air*. Rêve si doux . . . . . T. *net.*	3	»
4 bis. Le même, transposé. . . . *net.*	3	»
5. *Duo*. C'est dans l'église du village. T. T. *net.*	4	»
5 bis. Le même, transposé. T. B. *net.*	4	»
6. *Air*. Que saint Jacques et les saints me viennent en aide. . *net.*	3	»
6 bis. Le même, transposé . . . *net.*	3	»
7. *Couplets*. Tant que j'étais . . T. *net.*	2	»
8. *Duo*. O dieu d'amour. . . T. S. *net.*	4	»
9. *Trio*. Où donc est-il mon doux seigneur . . . T. B. S. *net.*	4	»
10. *Air*. De cette pompeuse retraite. S. *net.*	3	»
10 bis. Le même, transposé. . . . *net.*	3	»
11. *Romance*. Je suis la reine. . S. *net.*	1	50
12. *Air bouffe*. Je ne puis affirmer si celui que j'accuse . . . T. *net.*	2	»
13. *Couplets*. Il a parlé, terreurs soudaines. . . . . . . S. *net.*	2	»
14. *Romance*. Ange des cieux, charme des yeux. . . . . . . B. *net.*	1	50
14 bis. La même, transposée . . . *net.*	1	50
15. *Duo*. O perfidie, qui sacrifie. T. S. *net.*	3	»
16. *Air et variations*. Par vous brille la Castille . . . . . S. *net.*	1	50
16 bis. Les mêmes, transposés. . . . *net.*	1	50

— MUSIQUE VOCALE. —

Romances Françaises
AVEC ACCOMPAGNEMENT DE PIANO.

Halévy. Sisca l'Albanaise 2 50
— La Venta 2 50
Rossini. L'Amour perdu . . . . . net. 1 25
— Le Chant du soir . . . . . . net. 1 25
— La Gaieté . . . . net. 1 25
— Œdipe, air de basse . . . . . net. 1 75

MUSIQUE INSTRUMENTALE.

CLARINETTE.

Brepsant: Souvenir de Bellini, fantaisie concertante pour 2 clarinettes, avec accompagnement de piano. 7 50
— Fantaisie originale pour clarinette avec accompagnement de piano. 9 »
— Id. avec accomp. d'orchestre. . . . 12 »
Kuffner. Les Airs de *Haydée* pour clarinette seule. . . . . 5 »

CORNET A PISTONS.

Airs d'opéras
POUR CORNET SEUL.

Diamants de la couronne (les) . . . . . . 5 »
Dieu et la Bayadère (le) . . . . 5 »
Duc d'Olonne (le) . . . . 5 »
Giralda . . . . 5 »
Haydée . . . . 5 »
Lestocq . . . . 5 »
Moïse . . . . 5 »
Part du Diable (la) . . . . 5 »
Zanetta . . . . 5 »

Airs d'opéras
POUR 2 CORNETS A PISTONS.

Le Prophète, arr. par Guichard. 2 S. ch. net. 3 »
Giralda, arrangé par Caussinus. 2 S. ch. net. 3 »

Duos
POUR CORNET A PISTONS ET PIANO.

Fessy et **Boulcourt**. Fantaisie concertante sur *Haydée* 7 50
Guichard. Op. 18. Duo brillant sur le Prophète . . . . net. 4 »

FLUTE.

Tulou. Grand duo sur la *Cenerentola*, pour flûte et piano . . . . 9 »
— Duo brillant sur *Haydée*, pour flûte et piano . . . . 9 »

Ouvertures et Airs d'opéras
POUR FLUTE SEULE ET POUR DEUX FLUTES.

Ouverture de *Giralda*, pour 2 flûtes. . net. 2 »
Airs de *Giralda* pour flûte seule 7 50
— id. pour 2 flûtes, 2 suites, chaque 7 50

— MUSIQUE INSTRUMENTALE. —

HARMONIE ET MUSIQUE MILITAIRE.

Fessy. La Californie, pas redoublé sur le *Violon du diable* . . . . 5 »
Mohr. Deux Pas redoublés sur *Giralda*, 2 suites, chaque . . . . 6 »

Fanfares
POUR MUSIQUE DE CAVALERIE.

Fessy. Le Trompette du régiment, six morceaux :
1. Fantaisie sur *Haydée* . . . . . 9 »
2. Pas redoublé sur le *Domino noir*. 5 »
3. *Romélie*, grande valse . . . . . 9 »
4. Pas redoublé sur le *Serment*. . . 5 »
5. Le *Carnaval de Paris*, quadrille. 9 »
6. Pas redoublé sur l'*Ambassadrice*. 6 »

HARMONIUM.

Adam (A.). Fantaisie sur la *Muette de Portici*, composée par S. Thalberg arrangée pour mélodium et piano. 9 »
Miolan. Fantaisie sur *Moïse*, composée par S. Thalberg, arrangée pour mélodium et piano . . . . . . 9 »

HARPE.

Labarre. Op. 120. Trois mélanges pour harpe et piano.
Nos 1. *Haydée* . . . . 9 »
2. *La Sirène* . . . . 9 »
3. *La Donna del lago* . . . 9 »
— Duo sur des motifs du *Prophète*, pour harpe et piano . . . . . . net. 4 »

HAUTBOIS.

Verroust. Op. 54. Fantaisie sur le *Prophète*, pour hautbois avec accompagnement de piano 7 50

PIANO.

Fantaisies et Airs variés.

Adam (A.). Six petits airs du *Prophète*. net. 2 »
— Mélange sur *Giralda* . . . . net. 2 50
— Six petits airs de *Giralda*. . . net. 2 50
Beyer (Fr.). Op. 42. Souvenir des *Puritains*, fantaisie . . . . 6 »
— Op. 71. Morceau de salon sur la *Part du diable* . . . . 6 »
Beyer (Fr.). Op. 87. Divertissement sur des motifs de *Guillaume Tell*. . 5 »
— Mosaïque sur le *Lac des fées* . . 9 »
— Le *Tremolo*, de Ch. de Bériot, arrangé pour le piano . . . . 6 »

— MUSIQUE INSTRUMENTALE. —

Blumenthal. Op. 14. La Plainte. *net.* 3 »
— Op. 16. Consolation, fantaisie. *net.* 3 »
— Op. 18. L'Eau dormante. . . . *net.* 3 »
Brisson. Op. 40. Fantaisie sur *Giralda*. 7 50
Burgmuller (Fr.). Valse sur *Giralda*. 7 50
Comettant (O). Op. 36. Fantaisie sur *Giralda* 7 50
Devos. Op. 10. Le Retour dans les montagnes, impromptu . . . . . . 5 »
Doehler (Th.). Op. 70. 12° nocturne. *net.* 2 »
Duvernoy (J.-B.). Op. 190 Fantaisie sur *Giralda*. . . . . *net.* 3 »
Gerville (Pascal). Le Bengali au réveil, bluette . . . . 4 »
Heller (St.). Op. 72.
  N° 1. Le Chant du matin 4 50
    2. Le Chant du troubadour. . 4 50
    3. Le Chant du dimanche. . . 4 50
— Op. 73.
  N° 1. Le Chant du chasseur. . . . 3 »
    2. L'Adieu du soldat. 4 50
    3. Le Chant du berceau. . . 4 50
Hunten (Fr.). Op. 173. Fantaisie sur la *Fée aux roses*. . . . . . *net.* 2 50
Lecarpentier. 118° et 119° Bagatelles sur *Giralda*, chaque. . . *net.* 2 »
Lassek. Les Soirées parisiennes. . *net.* 2 50
Liszt (Fr.) Mazurka brillante. . . . *net.* 3 »
Luce. Sérénade . . . . *net.* 5 »
— Bolero . . . . *net.* 3 »
Mendelsohn-Bartholdy. Op. 82.
  Variations. . . . . *net.* 3 »
— Op. 83. Andante avec variations. *net.* 3 »
Redler. Op. 444. Fantaisie sur *Giralda*. 5 »
H. Rosellen. Op. 122. Fantaisie sur *Giralda*. . . . . 9 »
Sowinsky. Op. 74. Fantaisie brillante sur le *Prophète*. . . . . . *net.* 3 »
S. Thalberg. Op. 57. Decameron :
  N° 9. Fantaisie sur le *Prophète*. . . 7 50
  10. Fant. sur des *Airs irlandais*. 7 50
Wartel. Op. 44. Andante. . . . . . 6 »
Willmers. Op. 68. Fantaisie de concert sur le *Prophète* . . . *net.* 4 »
Voss. Op. 143. La Cascade des fleurs. . 6 »
— Op. 120. Fantaisie de salon sur *Giralda*. . . . . 6 »

Partitions
ARRANGÉES POUR PIANO SOLO.
Format in-8.

Auber. Haydée. . . . . . . *net.* 8 »
— La Part du diable. . . . . *net.* 8 »
Halévy. La Fée aux roses. . . . *net.* 8 »
— Giralda . . . . *net.* 8 »
Meyerbeer. Le Prophète . . . *net.* 10 »

— MUSIQUE INSTRUMENTALE. —

Ouvertures
POUR PIANO AVEC ACCOMPAG. DE VIOLON AD LIB.

Adam. Giralda. . . . . . . *net.* 2 50
Halévy. La Fée aux roses. . . . *net.* 2 50
Meyerbeer. Le Prophète, arrangé par Alkan. . . . . *net.* 3 »

Quadrilles
POUR LE PIANO AVEC ACCOMPAGNEMENT AD LIB.

Lecarpentier. La Fée aux roses. *net.* 2 »
— Giralda . . . . . *net.* 2 »
Musard. La Fée aux roses, deux quadrilles. . . . . . chaque, *net.* 2 »
— Giralda, deux quadrilles. chaque, *net.* 2 »

Valses
POUR LE PIANO.

Beyer (Fr.). Valse du *Domino noir* . . . 5 »
Ettling. Valse brillante sur Giralda. *net.* 2 »
Labitzky. Op. 168. Souvenir de Berlin. 4 50
— Op. 170. Souvenir du Hanovre. . 4 50
— Op. 172. Souvenir de Hongrie. . 4 50
— Op. 174. Antonia. 4 50
— Op. 176. Le Troubadour 4 50

Polkas, Mazurkas, Redowas et Schottischs
POUR LE PIANO.

Burgmuller. Polka-mazurka sur la *Fée aux roses*. . . . . *net.* 4 »
Devos. Op. 9. L'Élégante polka. 4 50
Koenig. L'Éclipse, polka. . . . . . 2 »
— Jupiter, polka-trémolo. . . . . . 2 »
Kuhner. La Rêveuse, polka. . . . 2 »
Pasdeloup. Polka-mazurka sur *Giralda*. . . . . *net.* 1 50
— Schottisch sur *Giralda*. . . *net.* 2 »
Pilodo. Redowa sur *Giralda*. . . *net.* 1 50
— Polka sur *Giralda*. . . . *net.* 4 50
— Les Etincelles, polka. . . *net.* 4 »
— Schottisch de Mabille . . . *net.* 4 50
Talexy. Wanda, polka-mazurka. . . . 4 50
Wallerstein. Op. 49. L'Aéronaute, polka. . . . . *net.* 4 50
— Op. 49 bis. La Tempête, polka. *net.* 4 50
— Op. 54. San-Francisco, polka. *net.* 4 50
— Op. 56. Le Train de plaisir, polka. *net.* 4 50

PIANO A QUATRE MAINS.

Beyer. Mosaïque sur les *Diamants de la couronne*. . . . . 6 »
Hunten (F.). Op. 174. Fantaisie sur *Giralda*. 7 50
Mendelsohn-Bartholdy. Op. 83 bis. Andante et variations. *net.* 4 »

TRAITÉ COMPLET D'HARMONIE DE CATEL,

AVEC DES ADDITIONS PAR

LE BORNE,

Professeur de composition au Conservatoire de musique.

Adopté pour l'enseignement dans les classes du Conservatoire de musique.

PRIX : 25 FRANCS.

Bureaux à Paris, rue Richelieu, 87 (ancien 97).

Paris, un an, 24 fr. — Départements et Belgique, 30 fr. — Étranger, 34 fr.

REVUE

ET

GAZETTE MUSICALE

DE PARIS.

17' ANNÉE.

A ce Journal appartient l'honneur d'avoir fondé la presse musicale en France et d'en avoir toujours occupé le premier rang.

La *Revue et Gazette musicale* a donc pour recommandation sa durée, et cette durée a pour bases le mérite, l'utilité, la popularité.

Histoire de l'art ancien et moderne, questions du moment, théories profondes, analyses légères, critique, biographie, anecdotes, tout s'y trouve réuni dans un cadre non moins étendu que varié.

La collection de la *Revue et Gazette musicale* forme une véritable encyclopédie, et quiconque s'intéresse à la musique ou aux musiciens ne saurait trouver ailleurs des documents plus sûrs et plus complets.

Aujourd'hui que ce Journal entre dans sa dix-huitième année, il n'a qu'à persévérer dans la voie qu'il a toujours suivie; son passé est la meilleure garantie qu'il puisse donner de son avenir.

Les abonnés reçoivent tous les mois un morceau de musique, et comme prime.

Immédiatement en s'abonnant :

1° UN ALBUM DE CHANT

Avec le portrait de Ad. ADAM.

CONTENANT :

La petite Chanteuse, par **Ad. Adam**.
La belle Madelon, par **Maurice Bourges**.
Le Ramier, mélodie, par **Félicien David**.
Marcel le marin, par **E. Bassier**.
Régina, légende, par **Duprez**.
Fabliau, par **Halévy**.
Confidences, par **Meyerbeer**.
L'Heure des rêves, par **Panseron**.
L'Exilé, par **Vivier**.

2° UN ALBUM DE PIANO

Avec le portrait de E. PRUDENT.

CONTENANT :

Mazurka, par **Blumenthal**.
Chant du berceau, par **Stephen Heller**.
Danse des Péris, étude, par **G. Mathias**.
Romance sans paroles, par **Mendelssohn**.
Impromptu, par **Prudent**.
Airs irlandais, par **Thalberg**.
L'Amarante, par **Ch. Voss**.
Le Berceau, par **Willmers**.

Paris. — Imprimerie de L. MARTINET, rue Mignon, 2.

10,000 Lettres d'impression pour 1 centime.

BIBLIOTHÈQUE POUR TOUS
ILLUSTRÉE
ROMANS, HISTOIRE, VOYAGES, LITTÉRATURE, SCIENCES, ETC.

CHAQUE OUVRAGE COMPLET : 50 CENTIMES.

LE COMTE DE FOIX

PAR FRÉDÉRIC SOULIÉ

(Suite du *Vicomte de Béziers* et du *Comte de Toulouse*)

LE DOUANIER DES PYRÉNÉES. — LÉON MASSAILLAN

Prix : 50 centimes

60 CENTIMES POUR LES DÉPARTEMENTS ET L'ÉTRANGER.

PARIS

Y²   ÉCRIVAIN ET TOUBON, LIBRAIRES, RUE DU PONT-DE-LODI, 5

ET CHEZ TOUS LES LIBRAIRES DE PARIS, DES DÉPARTEMENTS ET DE L'ÉTRANGER.

N° 90. — Publié par J. Lemer.